PRINCIPES
DU
DROIT
POLITIQUE
TOME SECOND.

A AMSTERDAM,

Chez ZACHARIE CHÂTELAIN.

M. DCC. LI.

PRINCIPES
DU DROIT POLITIQUE.

QUATRIÉME PARTIE.

Dans laquelle on traite des différens Droits de la Souveraineté à l'égard des Etats étrangers, du Droit de la Guerre & de tout ce qui y a rapport, des Traités publics & du Droit des Ambassadeurs.

CHAPITRE PREMIER.

De la Guerre en général, & premièrement du Droit du Souverain sur les Sujets à cet égard.

§. I. TOUT ce que l'on a dit jusqu'ici des parties essentielles de la Souveraineté, regarde proprement & directement le gouvernement intérieur de l'Etat : mais comme le bonheur & la profpérité d'une Nation demande non feulement que l'on y maintienne l'ordre & la paix au dedans, mais encore que l'on puiffe fe mettre à couvert des infultes des ennemis du dehors, & fe procurer de la part des autres Etats tous les fecours utiles que l'on en peut tirer; nous devons paffer à préfent à l'examen de ces parties de la Souveraineté qui regardent directement la fureté & les avantages extérieurs de l'Etat, & traiter les queftions les plus effentielles qui y ont rapport.

§. II. Pour reprendre les chofes dès leur origine, il faut d'abord remarquer ici que le genre humain s'étant partagé en diverfes Sociétés particulières, que l'on appelle *Etats* ou *Nations*, & ces différens corps politiques formant entr'eux une efpéce de Société; ils fe trouvent auffi foumis à ces loix primitives & générales, que Dieu lui-même a données à tous les hommes, & qu'en conféquence ils font obligés de pratiquer entr'eux certains devoirs.

§. III. C'eft le fyftême ou l'affemblage de ces loix, que l'on appelle proprement le *Droit des Gens* ou *la Loi des Nations*: & ces loix ne font autre chofe dans le fonds que les loix naturelles même, que les hommes confidérés comme membres de la Société humaine en général doivent pratiquer les uns envers les autres : ou pour dire la chofe en d'autres termes, le droit des gens n'eft autre chofe que la loi générale de la *Sociabilité*, appliquée non aux particuliers qui compofent la Société, mais aux hommes confidérés comme formant entr'eux différens corps que l'on appelle *Etats* ou *Nations*.

§. IV. L'état naturel des Nations, les unes à l'égard des autres, eft fans doute un état de fociété & de paix : tel eft l'état naturel & primitif de l'homme par rapport à tout autre homme, & quelque modification particulière que les hommes puiffent apporter à leur état primitif, ils ne fçauroient, fans bleffer leurs devoirs, donner atteinte à cet état de paix & de fociété dans lequel ils fe trouvent naturellement, & que les loix naturelles leur recommandent fi fort.

§. V. De là découlent plufieurs loix du droit des gens; par exemple, que toutes les Nations doivent fe regarder comme naturellement égales & indépendantes les unes des autres, & fe traiter comme telles.

dans l'occasion; qu'elles ne doivent se faire aucun mal; & au contraire réparer celui qu'elles pourroient avoir fait. De là encore le droit qui leur appartient de travailler à leur conservation & à leur bonheur, & d'employer la force & les armes contre ceux qui se déclarent leurs ennemis. La fidélité dans les traités & les alliances, & les égards que l'on doit aux Ambassadeurs viennent aussi du même principe. Telle est l'idée que l'on doit se faire du droit des gens en général.

§. VI. Nous ne nous proposons pas d'entrer ici dans le détail de toutes les questions de politique que peut présenter le droit des gens : nous nous contenterons d'examiner ces trois matières, qui, étant plus considérables, renferment presque toutes les autres : je veux dire le *Droit de la Guerre*, celui des *Traités & des Alliances*, & celui des *Ambassadeurs*.

§. VII. La matière du droit de la guerre est également importante & étendue; elle mérite par conséquent d'être traitée avec quelque exactitude. Nous avons déja remarqué ci-dessus que c'est une maxime fondamentale du droit de la nature & des gens, que les particuliers & les Etats doivent vivre entr'eux dans un Etat d'union & de société; qu'ils ne doivent se faire aucun mal ni se causer aucun dommage, & qu'au contraire chacun doit exercer envers autrui les devoirs de l'humanité.

§. VIII. Lorsque les hommes pratiquent ces devoirs les uns envers les autres, on dit qu'ils sont dans un état de paix. Cet état est sans doute le plus conforme à la nature humaine; le plus capable de la conserver, celui dont l'établissement & le maintien est le but principal des loix de la nature.

§. IX. L'état opposé à cet état d'union & de paix est ce qu'on appelle la *Guerre*, qui, dans le sens le plus général, n'est autre chose que l'état de ceux qui tâchent de vuider leurs différens par les voies de la force, considérés comme tels. J'ai dit que c'est là le sens le plus général; car dans un sens plus réservé, l'usage ordinaire restreint la signification du mot de *Guerre*, à celle qui se fait entre des Puissances souveraines *.

§. X. Quoique l'état de paix & d'une bienveillance mutuelle, soit sans doute le

* *Vid. infr. Cap. XII.*

plus naturel à l'homme & le plus convenable aux loix qu'il doit suivre, la guerre ne laisse pas d'être permise dans de certaines circonstances, & quelquefois même d'être nécessaire, soit à l'égard des particuliers, soit à l'égard des Nations : c'est ce que nous avons déja suffisamment prouvé dans la seconde partie de cet Ouvrage, en établissant les droits que la nature donne à l'homme pour sa propre conservation, & les moyens qu'il peut légitimement employer pour cela. Tous les principes que nous avons établis là-dessus à l'égard des particuliers, conviennent également & même à plus forte raison aux Nations.

§. XI. La loi de Dieu ne recommande pas moins au corps des Nations de travailler à leur conservation, qu'aux hommes en particulier : il est donc juste qu'elles puissent employer la force contre ceux qui se déclarant leurs ennemis, violent envers elles la loi de la sociabilité, leur refusent ce qui leur est dû, cherchent à leur enlever leurs avantages & à les détruire. Il est donc du bien même de la Société, que l'on puisse réprimer efficacement la malice & les efforts de ceux qui en renversent les fondemens : sans cela le genre humain deviendroit la victime du brigandage & de la licence, & le droit de faire la guerre eſt, à proprement parler, le moyen le plus puiſſant de maintenir la paix entre les hommes.

§. XII. Il faut donc tenir pour conſtant, que le Souverain, entre les mains duquel on a remis l'intérêt de toute la Société, a le droit de faire la guerre : mais ſi cela eſt ainſi, il faut par une conſéquence néceſ-ſaire, lui donner en même tems le droit d'employer tous les moyens néceſſaires pour cela. En particulier il faut lui accorder le pouvoir de lever des troupes, d'enrôler des ſoldats, & de les obliger à remplir toutes les fonctions les plus périlleuſes, & même au péril de leur vie : & c'eſt là une branche du droit de vie & de mort, qui appartient inconteſtablement au Souverain.

§. XIII. Mais comme la force & la valeur des troupes dépend en bonne partie de l'habitude où elles ſont des exercices militaires, le Souverain doit même en tems de paix former les citoyens à ces exercices, afin qu'ils ſoient plus propres dans l'occaſion à ſupporter les fatigues de la guerre, & à en remplir les différentes fonctions.

§. XIV. L'obligation où font à cet égard les fujets, eft fi rigoureufe & d'une fi grande force, qu'il n'y a, à parler à la rigueur, aucun citoyen qui puiffe s'exempter de prendre les armes dans l'occafion, & le refus de le faire feroit un jufte fujet de ne plus tolérer dans la Société ceux qui voudroient fe difpenfer de cette charge : fi donc pour l'ordinaire il y a dans les Etats quelques citoyens que l'on exempte des exercices militaires, cette immunité n'eft point un privilége qui leur appartienne de droit, c'eft une tolérance qui n'a de force qu'autant que l'on a d'ailleurs affez de troupes pour la défenfe de l'Etat, & que les perfonnes à qui on l'accorde rempliffent quelques autres fonctions utiles & néceffaires ; mais à cela près & dans un befoin, tous ceux qui font en état doivent marcher à la guerre ; & perfonne ne fçauroit s'en difpenfer légitimement.

§. XV. C'eft par une conféquence des mêmes principes que la difcipline militaire eft très-rigoureufe : la plus petite négligence, la moindre faute eft fouvent de la dernière conféquence, & pour cela peut être punie très-rigoureufement. Les autres Juges pardonnent quelque chofe à la foi bleſſe humaine ou à la violence des paſſions; mais dans un Conſeil de guerre on n'a pas tant d'indulgence, & on punit ſouvent du dernier ſupplice un ſoldat à qui la crainte d'une mort prochaine fait abandonner ſon poſte.

§. XVI. Il eſt donc du devoir de ceux qui ſont une fois enrôlés, de tenir ferme dans le poſte où le Général les a placés, & de combattre vaillamment lors même qu'ils courent vraiſemblablement riſque d'y perdre la vie : vaincre ou mourir, eſt la loi de ces ſortes de combats; & il vaut ſans contredit mieux perdre la vie glorieuſement en tâchant de l'ôter à l'ennemi, que de périr tout ſeul avec lâcheté. On peut juger par là de ce qu'on doit penſer de ces Capitaines de vaiſſeaux, qui par l'ordre de leur ſupérieur ſe font ſauter en l'air plutôt que de tomber entre les mains de l'ennemi : en effet, ſuppoſé que le nombre des vaiſſeaux ſoit égal de part & d'autre, ſi un de nos vaiſſeaux vient à être pris, l'ennemi en aura deux de plus que nous, au lieu que ſi un des nôtres périt il n'en aura qu'un de plus; & même ſi le vaiſſeau qui veut ſe rendre maître du nôtre périt avec nous, comme cela arrive souvent, les forces demeureront dans l'égalité.

§. XVII. Pour ce qui est de la question si les citoyens sont obligés de prendre les armes & de servir dans une guerre injuste, il faut en juger par les principes que nous avons établis ci-dessus sur la fin du Chapitre premier, qui *traite du Pouvoir législatif*.

§. XVIII. Telles sont les obligations des sujets par rapport à la guerre & à la défense de l'Etat; mais cette partie de la Souveraineté très-importante en elle-même, demande aussi de grands ménagemens de la part du Souverain, pour être exercée d'une manière avantageuse à l'Etat. Indiquons ici les principales maximes de la politique à cet égard.

§. XIX. Et premiérement il est bien évident que la principale force d'un Etat à l'égard de la guerre, consiste dans le nombre de ses habitans: les Souverains ne doivent donc rien négliger de tout ce qui peut contribuer à l'entretenir & à l'augmenter.

§. XX. Entre tous les moyens que l'on peut mettre en usage pour cela, il y en a trois entr'autres, qui sont d'une très-

grande efficace. Le premier, c'eſt de recevoir ſans peine & avec facilité tous les
étrangers d'un bon caractère qui veulent
s'établir chez nous, de leur procurer la
jouiſſance de toutes les douceurs du Gouvernement, & de leur faire part des avantages de la liberté civile. Ainſi l'Etat ſe rem-
plit de citoyens qui apportent avec eux les
arts, le commerce & les richeſſes, & dans
leſquels on peut trouver dans le beſoin un
nombre conſidérable de bons ſoldats.

§. XXI. Une autre choſe & qui va au
même but, c'eſt de favoriſer & d'encoura-
ger les mariages qui ſont la pépinière de
l'Etat, & de faire à cet égard de bonnes
loix. La douceur du Gouvernement peut
entr'autres choſes beaucoup contribuer à
porter les citoyens à ſe marier. Des ſujets
ſurchargés de tailles & d'impôts, qui peuvent à peine par leur travail trouver de
quoi ſatisfaire aux néceſſités de la vie &
aux charges publiques, ne ſe portent pas
volontiers au mariage, dans la crainte
qu'eux & leurs enfans ne ſoient réduits à
mourir de faim.

§. XXII. Enfin, un autre moyen très-
propre à entretenir & à augmenter le nombre des habitans, c'eſt la liberté de conſ-

cience. La Religion eſt un des plus grands avantages de l'homme, tous les hommes l'enviſagent ſur ce pied-là : tout ce qui va à leur ôter la liberté à cet égard leur paroît inſupportable ; ils ne ſçauroient s'accoutumer qu'avec peine à un Gouvernement qui les tyranniſe là-deſſus. La France, l'Eſpagne & la Hollande, nous préſentent aujourd'hui des preuves ſenſibles de la vérité de ces remarques : les perſécutions ont fait perdre à la première une très-grande partie de ſes habitans, ce qui l'a conſidérablement affoiblie : là ſeconde ſe trouve preſque décuplée aujourd'hui, & cette dépopulation eſt cauſée principalement par cet établiſſement barbare & tyrannique, que l'on appelle l'*Inquiſition* ; établiſſement également outrageux à la Divinité & pernicieux à la Société humaine, & qui a fait d'un des plus beaux pays de l'Europe, une eſpèce de déſert. La troiſième enfin, au moyen d'une entière liberté de conſcience qu'elle offre à tout le monde, s'eſt conſidérablement augmentée au milieu même des guerres & des diſgraces : elle s'eſt élevée, pour ainſi dire, ſur les débris des autres Nations, & elle jouit d'un crédit & d'une proſpérité dont elle eſt redevable

au nombre de ſes habitans qui lui ont ap-
porté tout à la fois la force, le commerce
& les richeſſes.

§. XXIII. Le grand nombre des habitans d'un pays en fait donc la principale
force ; mais il faut d'ailleurs pour cela,
que les citoyens ſoient formés de bonne
heure au travail & à la vertu. Le luxe, la
molleſſe & les plaiſirs énervent les forces
du corps, en même tems qu'ils affoibliſſent
le courage. Il faut donc qu'un Prince qui
veut trouver dans ſes ſujets de bonnes troupes & mettre l'Etat militaire ſur un bon
pied, prenne de bonnes meſures à cet égard,
qu'il veille ſoigneuſement à l'éducation de
la jeuneſſe, qu'il établiſſe une bonne diſci-
pline, qu'il procure à ſes ſujets les moyens
de ſe former aux exercices du corps, &
qu'il ne permette pas que le luxe & les plaiſirs leur donnent des mœurs efféminées &
amolliſſent leur courage.

§. XXIV. Enfin, un des moyens le plus
efficace pour avoir de bonnes troupes, c'eſt
de leur faire obſerver l'ordre & la diſci-
pline militaire, avec tout le ſoin & l'exactitude poſſibles, ſur tout d'apporter une
attention particulière à ce que les ſoldats
ſoient payés exactement, de faire prendre

foin de ceux qui font malades & de leur
fournir les fecours dont ils ont befoin ; &
enfin d'entretenir parmi eux la connoiffance
de la Religion & des devoirs qu'elle pref-
crit, en leur procurant les moyens de s'inf-
truire là-deffus. Telles font les principales
maximes que la bonne politique préfente
aux Souverains, & au moyen defquelles ils
peuvent raifonnablement efpérer de trouver
toujours dans le corps des citoyens de
bonnes troupes difpofées à combattre vaillamment dans l'occafion pour la défenfe de
la patrie.

CHAPITRE II.

Des Caufes de la Guerre.

§. 1. SI la Guerre eft quelquefois per-
mife & même néceffaire, ainfi
que nous venons de l'établir, ce n'eft que
pour de juftes raifons, & feulement à condition que celui qui l'entreprend fe propofe
d'en venir par ce moyen à une paix folide
& durable. La guerre peut donc être ou
jufte ou injufte, felon la caufe qui l'a pro-
duite.

§. II. La guerre eſt juſte ſi elle ſe fait pour de juſtes raiſons ; elle eſt injuſte ſi elle eſt faite ſans cauſe, ou du moins ſans une cauſe juſte & ſuffiſante.

§. III. Pour rendre la choſe plus ſenſible, on peut diſtinguer avec GROTIUS entre les raiſons juſtificatives & les motifs de la guerre. Les premières ſont celles qui rendent en effet, ou qui paroiſſent rendre la guerre juſte, par rapport à l'ennemi ; enſorte qu'on croit ne lui faire aucun tort en prenant les armes contre lui : les motifs, ce ſont les vues d'intérêt qui nous déterminent à déclarer la guerre. Ainſi dans la guerre d'*Alexandre* contre *Darius*, la raiſon juſtificative dont le premier ſe ſervoit, étoit qu'il vouloit venger les injures que les Grecs avoient reçues des Perſes : les motifs étoient, l'ambition, la vanité & l'avarice de ce conquérant, qui ſe portoit d'autant plus volontiers à prendre les armes, que les expéditions de XENOPHON & d'AGESILAS lui faiſoient concevoir une grande eſpérance de réuſſir aiſément. La raiſon juſtificative de la ſeconde guerre punique, fut le démêlé au ſujet de la ville de Sagonte : le motif en étoit l'indignation des Carthaginois, de ce que les Romains leur avoient extorqué des conditions onéreufes dans le tems que la fortune ne leur étoit pas favorable, & l'encouragement que leur donnoit le bon fuccès de leurs armes en Efpagne.

§. I V. Dans une guerre innocente à tous égards & parfaitement jufte, il faut non-feulement que la raifon juftificative foit légitime, mais encore qu'elle fe confonde avec le motif, c'eft-à-dire, que l'on n'entreprenne la guerre que par la néceffité où l'on fe voit réduit de fe défendre contre les infultes d'autrui, de fe faire rendre ce qui nous eft inviolablement dû, ou d'obtenir la réparation d'une injure manifefte.

§. V. Ainfi une guerre peut être vicieufe ou injufte à l'égard de fes caufes, en quatre manières.

1°. Lorfqu'on l'entreprend fans aucune raifon juftificative, ni aucun motif d'utilité tant foit peu apparente; mais feulement par une fureur infenfée & brutale, qui fait aimer le fang & le carnage pour lui-même. Mais on peut douter raifonnablement fi l'on peut trouver aucun exemple d'une guerre fi barbare.

§. V I. 2°. Lorfqu'on attaque les autres uniquement pour fon propre intérêt, fans qu'ils nous ayent fait aucun tort, c'eft-à-dire à-dire, lorsque l'on manque de causes justificatives, & ces sortes de guerres sont par rapport à l'aggresseur de véritables brigandages.

§. VII. 3°. Lorsqu'on a des motifs fondés sur des causes justificatives, mais qui n'ont qu'une équité apparente, & qui étant bien examinées, se trouvent au fond illégitimes.

§. VIII. 4°. Enfin on peut encore dire que la guerre est injuste, lorsqu'ayant de bonnes raisons justificatives, on l'entreprend cependant par d'autres motifs qui n'ont aucun rapport avec le tort que l'on a reçu, comme pour acquérir une vaine gloire, pour étendre sa domination, &c.

§. IX. De ces quatre sortes de guerres, dont l'entreprise renferme quelque injustice, la troisième & la dernière sont très-communes ; car il n'y a guére de nations assez barbares pour prendre les armes sans alléguer quelque espèce de raisons justificatives. Il n'est pas bien difficile de découvrir l'injustice de la troisième : pour la quatrième, quoique peut-être très-commune, elle n'est pas tant injuste en elle-même, que par rapport aux vues & aux dispositions de celui qui la fait : mais il est bien difficile de l'en convaincre, les motifs étant d'ordinaire impénétrables, ou du moins la plûpart des gens prenant beaucoup de soin pour les cacher. †

§. X. On peut conclure des principes que nous venons d'établir, que toute guerre juste doit se faire ou pour nous conserver & pour nous défendre contre les insultes de ceux qui tâchent de nous faire du mal dans nos personnes, ou de nous enlever ou de détruire ce qui nous appartient, ou pour contraindre les autres à nous rendre ce qu'ils nous doivent en vertu d'un droit parfait que l'on a de l'exiger d'eux ; ou enfin, pour obtenir la réparation du dommage qu'ils nous ont causé injustement & pour leur faire donner des suretés, à l'abri desquelles on n'ait rien à craindre de leur part pour l'avenir.

§. XI. On comprend assez par là quels peuvent être les sujets de la guerre : mais pour donner plus de jour à cette matière, indiquons ici quelques exemples des principales causes injustes d'une guerre.

1°. Ainsi, par exemple, pour avoir un

† *Voyez l'explication de ces Principes dans Buddei. Jurisprud. Hist. Specim. §. 81. & suiv.*

juſte ſujet de guerre, il ne ſuffit pas que l'on
craigne la puiſſance d'un voiſin qui va en
s'augmentant ; tout ce que l'on peut faire
dans ces circonſtances, c'eſt de chercher à
ſe procurer des ſuretés innocemment, & à
ſe mettre en état de défenſe : mais les actes
d'hoſtilité ne ſont permis que lorſqu'ils
ſont néceſſaires, & ils ne ſont nullement
néceſſaires, auſſi long-tems qu'on n'eſt
point aſſuré d'une certitude morale que celui que l'on craint, a non ſeulement le pouvoir, mais encore la volonté de nous attaquer. On ne peut pas, par exemple, déclarer la guerre avec juſtice à un voiſin, par la
ſeule raiſon qu'il fait bâtir ſur ſes terres des
citadelles ou travailler à quelques fortifications dont il pourroit quelque jour ſe ſervir
contre nous.

§. XII. 2°. La ſeule utilité ne donne pas
non plus le même droit que la néceſſité, &
elle ne ſuffit pas pour rendre une guerre légitime : c'eſt ainſi, par exemple, qu'on ne
peut pas prendre les armes légitimement
pour s'emparer de quelque endroit qui eſt
à notre bienſéance, & propre à couvrir nos
frontières.

§. XIII. 3°. Il faut dire la même choſe
de l'envie de changer de demeure & de

quitter des marrais, des deserts, pour s'établir dans un pays plus fertile.

4°. Il n'est pas moins injuste d'attenter sur les droits & la liberté d'un peuple, sous prétexte qu'il n'a ni autant d'esprit ni des mœurs aussi policées que nous. C'étoit donc mal à propos que les Grecs traitoient les barbares comme des gens qui étoient naturellement leurs ennemis, à cause de la diversité de leurs mœurs, & peut-être parce qu'ils ne paroissoient pas avoir autant d'esprit qu'eux.

§. XIV. 5°. Ce seroit aussi une guerre manifestement injuste, que de prendre les armes contre un peuple pour le réduire sous son obéissance, sous le prétexte qu'il conviendroit à ce peuple de nous avoir pour maître. De cela seul, qu'une chose est avantageuse à quelqu'un, il ne s'ensuit pas de là qu'on puisse le contraindre à s'y soumettre. Quiconque a l'usage de la raison doit avoir la liberté de choisir lui-même ce qu'il croit lui être avantageux.

§. XV. Il faut encore remarquer ici que les devoirs que les Nations doivent pratiquer les unes envers les autres, ne sont pas tous d'une même obligation, & que leur manquement à cet égard ne donne pas toujours un juſte ſujet de guerre. Il y a par rapport aux Nations, tout comme par rapport aux particuliers, des devoirs d'une obligation rigoureuſe & parfaite, dont la violation emporte *un tort & une injure proprement dite*, & des devoirs d'une obligation imparfaite, qui ne produiſent pour autrui qu'un droit imparfait & non rigoureux. Et comme on ne peut pas de citoyen à citoyen avoir recours aux Juges pour ſe faire rendre ce qui nous eſt dû de cette ſeconde manière, on ne peut pas non plus de Puiſſance à Puiſſance y contraindre par les armes.

§. XVI. Il faut pourtant excepter de cette régle les cas de néceſlité dans leſquels le *Droit imparfait* ſe change en *Droit parfait*; de ſorte qu'alors le refus de celui qui ne veut pas s'acquiter envers nous de ce qui nous eſt dû, nous fournit un juſte ſujet de guerre; mais hors de là, toute guerre entrepriſe pour cauſe d'un refus de ce à quoi on n'eſt tenu que par les loix de l'humanité, eſt une guerre injuſte.

§. XVII. Pour faire l'application de ces principes, expoſons quelques exemples. Le droit de paſſer ſur les terres d'autrui eſt effectivement fondé ſur l'humanité, lorſqu'on ne veut se servir de cette permission que pour un sujet légitime, comme si des gens chassés de leur pays veulent s'établir ailleurs ; ou si l'on entreprend une guerre juste, & que pour la faire, il soit nécessaire de passer sur le territoire d'un peuple neutre, &c. Mais ce n'est là qu'un devoir d'humanité qui n'est pas dû à autrui, en vertu d'un droit parfait & rigoureux, & dont le refus ne sçauroit autoriser une Nation à employer la force des armes pour l'obtenir.

§. XVIII. Cependant *Grotius*, en examinant cette question, prétend non seulement ʺqu'on est obligé d'accorder le ʺ passage sur les terres à une petite troupe ʺ de gens sans armes, & dont par conséʺquent on n'a rien à craindre, mais encore ʺ qu'on ne sçauroit le refuser à une armée ʺ nombreuse, nonobstant la juste appréʺhension que l'on peut avoir que ce passage ʺ ne nous cause quelque mal considérable, ʺ ou de sa part, ou de la part de ceux conʺtre qui elle marche, pourvu néanmoins, ʺ ajoute *Grotius*,

ʺ 1°. Que l'on demande ce passage pour ʺ un juste sujet ; 2°. Qu'on le demande ʺ premièrement avant que d'entreprendre ʺ de passer par force.

§. XIX. Cet Auteur prétend donc, que dans ces circonstances le refus autorise à en venir aux voies de fait, & que l'on peut légitimement se procurer par la force ce que l'on n'a pas pu obtenir de bonne grace, & cela lors même qu'il y auroit d'ailleurs d'autres chemins par où l'on pourroit passer. Il ajoute „ que ce que l'on „ pourroit avoir à craindre en permettant „ le passage à un grand nombre de gens „ armés, n'est pas une raison suffisante „ pour s'en dispenser, parce qu'à cet égard „ on peut prendre de bonnes précautions. „ Ce que l'on peut craindre d'ailleurs de la „ part de celui contre qui marche l'autre, „ n'est pas non plus un juste sujet de refus, „ si ce dernier a un juste sujet de faire la „ guerre.

§. XX. Grotius fonde son sentiment sur cette raison ; c'est que l'établissement de la propriété ne s'est fait que sous la réserve tacite du droit de se servir dans le besoin du bien d'autrui, tant que cela se pourroit faire, sans que le propriétaire en reçût aucune incommodité.

§. XXI. Mais je ne sçaurois entrer dans le sentiment de cet illustre politique ; car 1°. quoi que l'on puisse dire, il est in-

conteſtable que le droit de paſſer ſur le territoire d'autrui, n'eſt point un droit parfait
& dont on puiſſe exiger l'exécution à la
rigueur. Si un particulier n'eſt point obligé
de laiſſer paſſer un autre particulier ſur ſes
terres, à plus forte raiſon une Nation peut-
elle refuſer le paſſage à l'armée d'une autre,
tant qu'il n'y a point de convention entr'elles
là-deſſus.

§. XXII. 2°. Les grands inconvéniens
qui peuvent ſuivre d'une telle permiſſion
autoriſent ici le refus : en effet en accor-
dant le paſſage, on court riſque de faire
de ſon propre pays le théatre de la guerre :
d'ailleurs ſi celui à qui on accorde le paſſage eſt repouſſé, & a enfin du deſſous,
quelque juſtes raiſons qu'il ait de faire la
guerre à ſon ennemi, celui-ci ne ſe ven-
gera-t-il point de ce qu'il n'a pas tenu à nous
que ſon ennemi ne l'accablât ? Comme l'on
ſuppoſe ici que l'on vit ſur le pied d'ami
avec l'un & l'autre des Princes qui ſe font
la guerre, on ne ſçauroit favoriſer l'un au
préjudice de l'autre, ſans donner ſujet au
dernier de nous regarder comme ſes ennemis, & ſans manquer par là à ce qu'on
lui doit en qualité d'ami. En vain diſtin-
gueroit-on ici entre une guerre juſte & in-

jufte , prétendant que la dernière donne
droit de refufer le paffage, mais que la
première met dans l'obligation de l'accorder ; cette diftinction ne lève point la difficulté : car outre qu'il n'eft pas toujours facile
de décider fi une guerre eft jufte ou injufte,
il y a de la témérité à vouloir fe rendre,
pour ainfi dire, l'arbitre de deux ennemis,
& à fe mêler de leurs différens.

§. XXIII. 3°. Mais n'a-t-on rien à
craindre de la part des troupes mêmes à
qui l'on accorde le paffage ? Les partifans
de l'opinion contraire en tombent d'accord,
& c'eft pour cela qu'ils veulent que l'on
prenne bien fes précautions. Mais quelques
précautions que l'on puiffe prendre, il n'y
en a point qui puiffent nous mettre à l'abri
de tout événement, & il y a des maux &
des pertes irréparables. Des gens qui ont
les armes à la main fe laiffent aller aifément
à la tentation d'en abufer, & de commettre
des violences, fur-tout s'ils font en grand
nombre, & qu'ils trouvent l'occafion de
faire quelque gain confidérable. Combien
de fois n'a-t-on pas vu des armées étrangères, ravager & s'approprier même les
États d'un peuple qui les avoit appellés à
fon fecours, fans que les traités & les fer-

mens les plus folemnels ayent été capables
de les détourner d'une fi noire perfidie ? *
Que ne doit-on pas appréhender de ceux qui
ne font pas dans des engagemens fi étroits?

§. XXIV. 4°. Difons encore, & c'eft ici
une remarque importante en politique, que
prefque tous les Etats ont ceci de commun ;
c'eft que plus on avance dans le cœur du
pays, plus on pénétre dans l'intérieur, &
plus on le trouve foible & défarmé. Les
Carthaginois, ailleurs invincibles, furent
vaincus près de Carthage par AGATOCLÉS
& par SCIPION. HANNIBAL difoit qu'on ne
pouvoit furmonter les Romains que dans
l'Italie : c'eft donc une chofe bien périlleufe
que de laiffer épier ces myftères à une mul-
titude d'étrangers, qui ayant les armes à la
main, peuvent profiter de notre foibleffe &
nous faire repentir de notre imprudence.

§. XXV. 5°. Ajoutez à cela, que dans
un Etat il y a prefque toujours des efprits
mutins & remuans, qui font capables de
folliciter l'étranger, ou contre leurs concitoyens ou contre leur Souverain même,
ou enfin contre leurs voifins. Toutes ces
raifons font affez fentir que quelques pré-

* Voyez *Juft. Liv. IV. C. 4. & 8. & Tite Live,
Liv. VII. Chap. 38.*

cautions qu'on puisse prendre, elles ne
sçauroient mettre à l'abri des plus grands
dangers.

6°. Enfin on peut encore ajouter à tout
ce que l'on vient de dire, l'exemple d'une
infinité de peuples qui ont été très-mal ré-
compensés de la facilité qu'ils ont eue de
laisser passer des troupes étrangères par leur
pays.

§. XXVI. Finissons l'examen de cette
question par deux remarques. La première
c'est qu'il paroît par tout ce que l'on vient
de dire, que c'est ici une affaire de prudence, & que quoique l'on ne soit pas obligé de donner passage à une armée étrangère, & que le plus sûr soit de le refuser,
cependant si l'on ne se sent pas assez fort
pour résister à la violence de celui qui veut
passer à quelque prix que ce soit, ou que
par là on s'attire infailliblement sur les
bras une fâcheuse guerre, il faut sans contredit accorder alors le passage, & la nécessité où l'on se trouve réduit, doit être
une justification suffisante auprès du Prince
chez qui la guerre va être portée au travers
de nos Etats.

§. XXVII. Ma seconde remarque, c'est
que si l'on suppose d'un côté une justice

& une néceſſité évidente dans la guerre que veut entreprendre celui qui demande le paſſage par notre territoire ; & de l'autre, que l'on n'ait rien à craindre ſoi-même de la part de celui contre qui on marche, on ſe trouve alors dans une obligation indiſpenſable de donner paſſage ; car ſi la loi de nature oblige chacun à ſecourir ceux qu'on voit manifeſtement opprimés, quand on peut le faire ſans beaucoup de péril & avec eſpérance de ſuccès, à plus forte raiſon ne doit-on porter aucun obſtacle à ce qu'ils entreprennent pour ſe défendre.

§. XXVIII. C'eſt en ſuivant les mêmes principes que nous venons d'établir, qu'il faut juger du droit de tranſporter ſes marchandiſes par le territoire d'autrui : ce n'eſt tout de même qu'un droit imparfait & un devoir d'humanité qui nous oblige de l'accorder aux autres, dont l'obligation n'eſt pas rigoureuſe & dont le refus ne ſçauroit donner un juſte ſujet de guerre.

§. XXIX. A la vérité, les loix de l'humanité obligent indiſpenſablement à laiſſer paſſer des marchandiſes étrangères, qui ſont abſolument néceſſaires à la vie, que notre voiſin ne peut pas ſe procurer par lui-même & que nous ne pouvons pas nous-mêmes lui fournir ; mais à cela près, on peut avoir de bonnes raisons d'empêcher que des marchandises étrangères ne paſſent ſur notre territoire pour aller ailleurs. Un trop grand abord d'étrangers eſt quelquefois préjudiciable à l'Etat ; & d'ailleurs, pourquoi un Souverain ne procureroit-il pas à ſes propres ſujets le gain que feroient les étrangers, à la faveur du paſſage qu'il leur accorderoit ?

§. XXX. Bien entendu qu'il n'y a rien de contraire à l'humanité, d'impoſer quelques droits d'entrée ou de ſortie ſur les marchandiſes des étrangers, à qui l'on accorde le paſſage. C'eſt un juſte dédommagement des frais que l'on eſt obligé de faire pour l'entretien des chemins publics, des ports, des ponts, &c.

§. XXXI. Il faut raiſonner de la même manière ſur le Commerce en général entre les différens Etats. J'en dis autant du droit de prendre des femmes chez ſes voiſins : un refus de leur part ne ſçauroit autoriſer à leur déclarer la guerre.

§. XXXII. Ajoutons ici quelque choſe des guerres entrepriſes pour cauſe de Religion. La loi naturelle qui permet à l'homme de défendre sa vie, ses biens & tous les autres avantages dont il jouit, contre les attaques d'un agresseur injuste, lui accorde sans contredit le pouvoir de se défendre contre ceux qui voudroient, pour ainsi dire, lui enlever par force sa Religion, en l'empêchant de faire profession de celle qu'il croit la meilleure, ou en le contraignant d'embrasser celle qu'il croit être fausse.

§. XXXIII. En effet, la Religion est un des plus grands biens de l'homme, elle renferme ses intérêts les plus considérables; quiconque cherche à le traverser à cet égard, se déclare son ennemi, & par conséquent on peut justement se servir contre lui de la force des armes pour repousser l'injure, & se mettre à couvert du mal qu'il veut nous faire. Il est donc permis & même juste de prendre les armes, lorsqu'on se voit attaqué pour cause de Religion.

§. XXXIV. Mais s'il est permis de se défendre pour cause de Religion, il n'est pas permis de faire la guerre pour étendre celle dont nous faisons profession, & pour contraindre ceux qui ont à cet égard des sentimens & des pratiques différentes; l'un est une suite nécessaire de l'autre :

il n'eſt pas permis d'attaquer celui qui eſt en droit de ſe défendre. Si la guerre défenſive eſt juſte, l'offenſive eſt néceſ-ſairement criminelle. La nature même de la Religion ne permet pas que l'on em-ploie des moyens violens pour ſa propaga-tion; elle conſiſte dans les ſentimens inté-rieurs de l'ame. Le droit des hommes à cet égard par rapport aux autres, c'eſt de les éclairer, de les inſtruire & d'em-ployer pour cela la voie d'une douce & forte perſuaſion. Il faut perſuader les hom-mes & non les égorger; en uſer autre-ment, c'eſt exercer contr'eux un bri-gandage d'autant plus criminel, qu'on cherche à s'autoriſer, par le prétexte le plus ſaint : il n'y a donc pas moins de folie que d'impiété dans un pareil pro-cédé.

§. XXXV. En particulier rien n'eſt plus contraire à l'eſprit du Chriſtianiſme, que d'employer la force des armes pour ſa propagation. Jeſus-Chriſt, notre divin Maître, a enſeigné les hommes, & n'a point uſé de violence contr'eux ; les Apôtres ont conſtamment ſuivi ſon exem-ple, & l'énumération que fait Saint Paul des armes qu'il emploie pour la converfion des hommes, eft une belle leçon pour les chrétiens (1).

§. XXXVI. Bien loin qu'une fimple différence de fentimens en matière de Religion, fourniffe un jufte fujet de pourfuivre par les armes, ou d'inquiéter le moins du monde ceux que l'on croit dans l'erreur, il eft certain au contraire que ceux qui en ufent ainfi, fourniffent aux autres hommes un jufte fujet de leur faire la guerre, & de défendre ceux qu'ils oppriment injuftement. On propofe là-deffus cette queftion à examiner ; fçavoir : *Si les Princes proteftans ne pourroient pas en bonne confcience fe liguer pour détruire l'Inquifition, & pour obliger les Puiffances qui la fouffrent dans leurs Etats à défarmer cette cabale, fous laquelle le Chriftianifme gémit depuis fi long-tems, & qui, fous un faux prétexte de zéle & de piété, exerce la tyrannie la plus horrible & la plus contraire à la nature humaine ?* Quoi qu'il en foit, il eft du moins certain que jamais Héros n'auroit dompté des monftres plus furieux,

(1) Voyez *II. Corinth. Ch. VI. v. 4. & fuiv. & Chap. X. v. 4.*

ni plus funeſtes au genre humain, que celui qui viendroit à bout de purger la terre de ces ames ſcélérates qui abuſent ſi impudemment & ſi cruellement du beau prétexte de la Religion, pour avoir de quoi vivre dans une molle oiſiveté, & pour tenir dans leur dépendance les Souverains auſſi bien que les Sujets.

§. XXXVII. Voilà les principales remarques qui ſe préſentent ſur les cauſes de la guerre. Diſons à préſent que comme on ne doit pas entreprendre la guerre, qui par elle-même eſt un très-grand mal, que pour parvenir à une paix ſolide, il eſt encore d'une néceſſité abſolue de conſulter les régles de la prudence avant que de l'entreprendre, quelque juſte ſujet que l'on en ait d'ailleurs. Il faut peſer exactement avant toutes choſes le bien ou le mal, qui peut vraiſemblablement nous en revenir. Car s'il y a lieu de craindre en faiſant la guerre, qu'on attire ſur ſoi ou ſur les ſiens des maux plus grands que le bien qu'on en pourroit eſpérer, il vaut mieux ſans doute diſſimuler l'injure que de s'expoſer à des maux plus conſidérables que celui-là même dont on veut pourſuivre la réparation par les armes.

§. XXXVIII. Dans ces circonstances, on peut légitimement entreprendre la guerre, non seulement pour soi-même, mais encore pour autrui ; pourvu, 1°. que celui en faveur de qui on s'engage, ait un juste sujet de prendre les armes, & que d'ailleurs on ait avec lui quelque liaison qui nous autorise à traiter en ennemis des personnes qui ne nous ont fait à nous-mêmes aucun tort.

§. XXXIX. Or entre ceux que l'on peut & que l'on doit même défendre, il faut mettre au premier rang ceux qui dépendent du défenseur, c'est-à-dire les Sujets de l'Etat : car c'est principale-ment en vue de cette protection que les hommes auparavant indépendans sont en-trés dans des Sociétés civiles : c'est ainsi que les *Gabaonites* s'étant soumis à la domination du peuple d'Israël, ce peuple prit les armes pour eux sous la conduite de Josué. Les Romains en ont usé sou-vent de cette manière ; bien entendu que les Souverains doivent observer dans ces cas-là, la maxime que nous venons d'éta-blir ci-dessus §. XXXVII. Ils doivent prendre garde en prenant les armes pour quelques-uns de leurs Sujets, de ne pas attirer un mal plus fâcheux fur tout le corps de l'Etat : le devoir du Souverain regarde premièrement & principalement l'intérêt du *tout* , plutôt que celui d'une *partie* ; & plus une partie est grande, plus elle approche du tout.

§. XL. 2°. Après les Sujets viennent les Alliés , auxquels on s'est engagé expreffement par un Traité, de donner du secours dans le besoin, soit qu'ils se soient mis sous notre protection comme se reconnoiffant inférieurs, soit qu'on ait simplement stipulé du secours d'une part, ou bien de part & d'autre.

§. XLI. Bien entendu que la guerre doit être de la part de notre Allié une guerre juste ; car on ne sçauroit s'engager innocemment à donner du secours à quelqu'un dans une guerre qui seroit manifestement injuste ; ajoûtons que l'on peut même sans préjudice du traité, défendre ses sujets préférablement à ses Alliés, quand il n'y a pas moyen de les secourir les uns & les autres en même tems ; car les engagemens d'un Etat envers ses citoyens , l'emportent toujours sur ceux où il entre envers tout étranger.

§. XLII. Pour ce que dit GROTIVS,

que l'on n'eſt pas obligé de donner du
ſecours à un Allié, lorſqu'il n'y a aucune
eſpérance de bon ſuccès, il faut l'entendre de cette manière : Que ſi l'on voit
évidemment que nos forces jointes enſemble ne ſont pas en état de tenir tête à
notre ennemi, & que notre Allié pouvant s'accorder avec lui à des conditions
ſupportables, ne laiſſe pas de vouloir cou-
rir à une ruine certaine, nous ne ſommes
point obligés par le traité d'alliance à
nous expoſer à périr ſans reſſource , en
voulant ſeconder ſes foibles efforts : car
d'ailleurs les alliances deviendroient inu-
tiles , ſi en vertu de cette union on n'étoit
pas obligé de s'expoſer à quelque péril,
ou à quelque perte pour ſecourir un
Allié.

§. XLIII. Enfin , on demande encore
ſi pluſieurs de nos Alliés ont beſoin de
notre ſecours, lequel doit être ſecouru le
premier & préférablement aux autres ?
GROTIUS répond, que lorſque deux Alliés
ſe font la guerre injuſtement de part &
d'autre , il ne faut ſecourir aucun des
deux : mais ſi la cauſe d'un Allié eſt légitime, il faut lui donner du ſecours ,
non ſeulement contre des étrangers , mais

encore contre un autre de nos Alliés, à moins qu'il n'y ait dans le traité quelque clause expresse qui ne nous permette pas de prendre la défense du premier contre le dernier, quoique celui-ci ait tort. Que si enfin plusieurs de nos Alliés se liguent ensemble contre un ennemi commun, ou bien s'ils font la guerre séparément contre des ennemis particuliers, il faut leur donner à tous du secours également, & conformément aux traités : mais lorsqu'il n'y a pas moyen de les assister tous en même tems, alors il faut donner la préférence à l'Allié le plus ancien.

§. XLIV. 3°. Les amis, c'est-à-dire, ceux avec qui on est uni par une bienveillance & une affectation particulière, tiennent ici le troisième rang : car quoiqu'on ne leur ait pas promis certains secours déterminés par un traité formel, l'amitié emporte par elle-même un engagement réciproque de se secourir autant que le permettent des obligations plus étroites, & cela avec plus d'empressement que ne le demande la simple liaison de l'humanité.

§. XLV. Je dis que l'on peut prendre

les armes pour ses amis qui font une guerre juste; car on n'est pas à cet égard dans une obligation rigoureuse, & cela se doit entendre sous cette condition, si on peut le faire aisément & sans s'incommoder beaucoup soi-même.

§. XLVI. 2°. Disons enfin que la seule liaison d'humanité qui est entre les hommes, en conséquence de leur nature commune & de la Société, & qui forme la liaison la plus étendue, suffit pour autoriser à secourir ceux qui sont opprimés injustement, pourvû du moins que l'injustice soit considérable & manifeste, & que l'offensé nous appelle lui-même à son secours, ensorte que nous agissions plutôt en son nom que de notre chef: sur quoi néanmoins il faut encore faire cette remarque, c'est qu'à la vérité l'on a le droit de secourir les opprimés par la seule raison de l'humanité; mais que l'on n'est pourtant pas dans une obligation rigoureuse à cet égard. Ce n'est ici qu'un devoir d'une obligation imparfaite, & qui n'oblige qu'autant qu'on peut le mettre en pratique, sans se causer à soi-même un mal considérable: car toutes choses d'ailleurs égales, l'on peut & l'on doit même préférer sa conservation à celle d'autrui.

§. XLVII. Mais peut-on entreprendre
une guerre en faveur des sujets d'un Prince,
pour les délivrer de l'oppreſſion de leur
Souverain, & par le ſeul principe de l'humanité? Je réponds que cela n'eſt permis
que dans les cas où la tyrannie eſt montée
à un tel point, que les ſujets eux-mêmes
peuvent légitimement prendre les armés
pour ſecouer le joug d'un Tyran qui les
opprime, ſelon les principes que nous avons
établis ci-devant.

§. XLVIII. Il eſt vrai que depuis l'établiſſement des Sociétés civiles, le Souverain
a acquis un droit tout particulier ſur ſes
ſujets, en vertu duquel il peut les punir
ſans qu'aucune autre Puiſſance doive ſe
mêler de ce qui ſe paſſe chez lui; mais il
n'eſt pas moins certain que ce droit a ſes
bornes, & qu'il ne peut être exercé légitimement que lorſque les ſujets ſont vérital-
blement coupables, ou que du moins leur
innocence eſt douteuſe: alors la préſomption doit être effectivement en faveur du
Souverain, & une Puiſſance étrangère n'a
pas le droit de ſe mêler de ce qui ſe paſſe
dans un autre Etat.

§. XLIX. Mais enfin, ſi la tyrannie eſt
venue à ſon comble, ſi l'oppreſſion eſt toute

manifeste, comme lorfqu'un Busiris ou
un Phalaris maltraitent leurs fujets à outrance & d'une manière à être condamnée
par toute perfonne raifonnable, on ne fçauroit refufer à ces fujets ainfi opprimés, la
protection des loix de la Société humaine.
Tout homme en tant qu'homme, a droit
d'exiger que les autres le fecourent dans le
befoin, & chacun y eft obligé, lorfqu'il le
peut, par les loix du l'humanité. Or il eft
certain qu'on ne renonce point à ces loix,
& même qu'on ne peut y renoncer en en-
trant dans une Société civile : cette Société
ne fçauroit s'établir au préjudice des loix
de l'humanité.

On peut bien être cenfé s'être engagé à ne
pas implorer le fecours des étrangers pour
de légères injures, ou même pour des grandes qui ne tombent que fur peu de perfonnes. Mais lorfque tous les fujets, ou une
grande partie, gémiffent fous l'oppreffion
d'un tyran, les fujets d'un côté rentrent
dans tous les droits de la liberté naturelle qui les autorife à chercher du fecours
où ils peuvent en trouver; & de l'autre,
ceux qui font en état de leur en donner
fans s'incommoder eux-mêmes confidéra-
blement, peuvent non feulement, mais

doivent travailler de toutes leurs forces à délivrer les opprimés, par cette seule raison qu'ils sont hommes & membres de la Société humaine dont les Sociétés civiles font partie.

§. L. A la vérité, il paroît par l'histoire ancienne & par l'histoire moderne, que le désir d'envahir les Etats d'autrui se couvre souvent de semblables prétextes : mais le mauvais usage que les hommes font d'une chose, n'empêche pas toujours qu'elle ne soit juste en elle-même : les Corsaires vont sur mer aussi bien que tout autre navigateur ; les brigands portent l'épée comme toute autre personne. Voilà qui peut suffire sur les différentes causes de la guerre.

CHAPITRE III.

Des différentes espèces de Guerre.

§. I. OUtre la distinction de la guerre, en celle qui est juste & celle qui est injuste, dont nous venons de parler, il y en a plusieurs autres qu'il est à propos de considérer ici : & premièrement, on

diſtingue la guerre en *Guerre offenſive* &
en *Guerre défenſive.*

§. II. Les guerres défenſives ſont celles
que l'on entreprend pour ſe conſerver &
pour ſe défendre contre les inſultes de ceux
qui tâchent de nous faire du mal en notre
perſonne, ou de nous. enlever & de détruire ce qui nous appartient. Les offenſives ſont celles au contraire qui ſe font
pour contraindre les autres à nous rendre ce qu'ils nous doivent, en vertu d'un
droit parfait que l'on a de l'exiger d'eux;
ou pour obtenir la réparation du dommage
qu'ils nous ont cauſé injuſtement & pour
leur . faire donner des ſuretés, à l'abri deſ-
quelles on n'ait plus rien à craindre de leur
part pour l'avenir.

§. III. 1°. Il faut donc prendre garde
de ne pas confondre cette diſtinction avec
la précédente, comme ſi toute guerre défenſive étoit juſte, & qu'au contraire toute
guerre offenſive fût injuſte. C'eſt aujour-
d'hui la coutume d'excuſer les guerres les
plus injuſtes, en diſant que ce ſont des
guerres purement défenſives. Il y a des
gens qui croient que toute guerre injuſte
doit être appellée offenſive, ce qui n'eſt
pas vrai; car s'il y a des guerres offen-

ſives qui ſoient juſtes , comme on n'en ſçauroit douter, il y a donc des guerres défenſives qui ſont injuſtes , comme lorſque nous nous défendons contre un Prince qui a raiſon de nous attaquer.

§. IV. 2°. Il ne faut pas croire non plus , que celui qui le premier fait tort à un autre , commence par là une guerre offenſive, & que l'autre qui veut qu'on lui faſſe juſtice pour le tort qu'il a reçu, ſoit toujours ſur la défenſive. Il y a beaucoup d'injuſtices qui peuvent allumer une guerre , & qui ne ſont pourtant pas la guerre même , comme lorſqu'on a maltraité les Ambaſſadeurs d'un Prince, qu'on a pillé ſes ſujets , &c. Si donc on prend les armes pour venger une telle injuſtice, on commence une guerre offenſive, mais une guerre juſte , & le Prince qui a fait tort & qui ne veut pas le réparer, fait une guerre défenſive, mais injuſte. La guerre offenſive n'eſt donc injuſte que lorſqu'elle eſt entrepriſe ſans une cauſe légitime, & alors la guerre défenſive , qui dans d'autres occaſions pourroit être injuſte , devient juſte.

§. V. Il faut donc dire en général , que le premier qui prend les armes, ſoit qu'il le faſſe juſtement ou injuſtement, commence une guerre offenſive ; & que celui qui s'oppoſe au premier, ſoit qu'il ait ou qu'il n'ait pas raiſon de le faire, commence une guerre défenſive. Ceux qui regardenr le mot de guerre offenſive comme un terme odieux & qui renferme toujours quelque choſe d'injuſte, & qui conſidérent au contraire la guerre défenſive comme inſéparable de l'équité , brouillent toutes les idées & embarraſſent une matière qui paroît d'elle-même aſſez claire. Il en eſt ici des Princes comme des particuliers: le demandeur qui commence un procès, a quelquefois tort , mais auſſi quelquefois raiſon : il en eſt tout de même du défendeur ; on a tort de ne vouloir pas payer une ſomme qui eſt juſtement dûe , comme on a raiſon de ſe défendre de payer ce qu'on ne doit pas.

§. VI. En troiſième lieu , GROTIUS diſtingue la guerre , en guerre *privée*, en guerre *publique* & en guerre *mixte*. Il appelle guerre *publique*, celle qui ſe fait de part & d'autre par autorité d'une Puiſſance civile ; la guerre *privée* , c'eſt celle qui ſe fait de particulier à particulier , & ſans autorité publique ; & enfin la guerre

mixte eſt celle qui ſe fait d'un côté par
autorité publique , & de l'autre par de
ſimples particuliers.

§. VII. On peut remarquer ſur cette divi-
ſion, que ſi l'on prend le mot de guerre
dans le ſens le plus général & le plus
étendu , & que l'on entende par là , *toute
priſe d'armes qui a pour but de vuider une
querelle* , par oppoſition à la manière de
vuider un différent , en recourant à un Juge
commun; alors cette diſtinction pourra
être admiſe : mais l'uſage ſemble s'y op-
poſer, & il a reſtreint la ſignification du
mot de guerre , à celle qui ſe fait entre
des Puiſſances ſouveraines. Dans une Société civile les particuliers n'ont pas le
droit de faire la guerre; & pour ce qui
eſt de l'état de nature, nous avons déja
parlé ailleurs du droit que les hommes
ont dans cet état, pour la conſervation &
pour la défenſe de leurs perſonnes & de
leurs biens : ainſi, comme nous ne traitons
ici que des droits des Souverains les uns
à l'égard des autres ; c'eſt proprement &
uniquement de la *Guerre publique* dont
nous avons à parler.

§. VIII. 4°. On diſtingue encore la
guerre , en guerre *ſolemnelle ſur le droit*

des gens, & en guerre *non solemnelle*. Il faut deux choses pour qu'une guerre soit solemnelle ; la première, qu'elle se fasse par autorité du Souverain ; la seconde, qu'elle soit accompagnée de certaines formalités, comme d'une déclaration solemnelle, &c. mais c'est ce dont nous parlerons plus amplement dans la suite. La guerre *non solemnelle*, est celle qui se fait ou sans avoir été déclarée dans les formes, ou simplement contre des Particuliers. Nous nous contenterons d'indiquer ici cette division, renvoyant à l'examiner plus particuliérement, & à voir quels en peuvent être les effets, lorsque nous traiterons de ce qui a accoutumé de précéder la guerre.

§. IX. Examinons cependant ici une question qui a rapport à la matière : c'est de sçavoir si un Magistrat, proprement ainsi nommé, a comme tel, le pouvoir de faire la guerre de son chef ? GROTIUS répond ici, qu'à en juger indépendamment des loix civiles, tout Magistrat semble avoir autant de droit en cas de résistance, de prendre les armes pour exercer sa jurisdiction, & faire exécuter ses ordres, que pour défendre le peuple qui est confié

à ses soins. PUFFENDORF, au contraire,
prend la négative & critique la pensée
de GROTIUS.

§. X. Mais il est aisé de concilier ces
deux Auteurs : il n'y a proprement entr'eux qu'une dispute de mots ; GROTIUS
attache au mot une idée plus vague &
plus générale. † En conséquence, lorfqu'un Magiftrat fubalterne prend les armes pour maintenir fon autorité & pour
mettre à la raison ceux qui refufent de
s'y foumettre, il eft cenfé le faire avec
l'approbation du Souverain, qui, en lui
confiant une partie de Gouvernement de
l'Etat, l'a revêtu en même tems du pouvoir néceffaire pour l'exercer ; & ainfi,
il s'agit uniquement de fçavoir fi tout
Magiftrat, comme tel, a ici befoin *d'un
ordre exprès* du Souverain ; enforte que la
conftitution des Sociétés civiles en général
le requiére ainfi, indépendamment des loix
civiles de chaque Etat,

§. XI. Or, dans cet état des chofes,
fi un Magiftrat peut ufer de la voie des
armes pour mettre à la raison une ou deux
perfonnes, ou dix ou vingt qui ne veulent

---

† *Vide fupra*, §. *VII.*

pas lui obéïr, ou qui veulent l'empêcher d'exercer sa Jurisdiction, pourquoi ne pourroit-il pas se servir du même moyen contre cinquante, contre cent, contre mille &c. ? Plus le nombre sera grand, & plus il aura besoin de force pour vaincre leur résistance : or c'est ce que GROTIUS comprend sous le nom de guerre.

§. XII. PUFFENDORF convient de tout cela dans le fond ; mais il prétend que ce pouvoir coactif qui appartient au Magistrat sur les sujets désobéïssans, ne fait pas une partie du droit de la guerre, toute guerre se faisant entre des égaux ou du moins entre ceux qui prétendent l'être. L'idée de PUFFENDORF est sans doute plus régulière & plus convenable à l'usage : mais il est bien évident que la différence qu'il y a entre lui & GROTIUS ne consiste que dans l'étendue plus ou moins grande que l'un & l'autre donnent au mot de guerre.

§. XIII. Si l'on dit qu'il peut être dangereux de laisser tout ce pouvoir à un Magistrat subalterne, cela peut être vrai ; mais cela prouve seulement qu'il est de la sagesse & de la prudence des Législateurs de mettre des bornes à cet égard au pouvoir des Magiſtrats, pour reſtreindre ce qui autrement ſeroit une ſuite néceſſaire du but même pour lequel le Magiſtrat eſt établi.

§. XIV. A l'égard de la guerre, proprement ainſi nommée, & qui ſe fait contre un ennemi étranger ; pour juger du pouvoir des Magiſtrats ou Officiers des Souverains, il ne faut que faire attention à l'étendue de leur commiſſion : car il eſt inconteſtable qu'ils ne ſçauroient légitimement entreprendre quelque acte d'hoſtilité de leur chef & ſans un ordre formel du Souverain, du moins raiſonnablement préſumé, en conſéquence des circonſtances dans leſquelles ils ſe rencontrent.

§. XV. Ainſi, par exemple, un Général d'armée envoyé à une expédition avec plein pouvoir de ſon maître, peut agir contre l'ennemi offenſivement auſſi - bien que défenſivement, & de la manière qu'il jugera la plus avantageuſe; mais il ne ſçauroit ni entreprendre une nouvelle guerre, ni faire la paix de ſon chef : que ſi ſon pouvoir eſt limité, il ne doit jamais paſſer les bornes qui lui ont été preſcrites, à moins que d'y être inévitablement réduit par la néceſſité de ſe défendre : car tout

ce qu'il fait pour cela eſt cenſé fait de
l'aveu même & par l'ordre du Souverain.
Ainſi, ſuppoſé qu'un Amiral eût ordre de
ſe tenir ſur la défenſive, il ne lui eſt pas
pour cela défendu de pourſuivre & de fou-
droyer la flotte ennemie, pour la diſperſer
ou pour la détruire, s'il vient à en être
attaqué, mais ſeulement il lui eſt défendu
de l'aller chercher lui-même le premier.

§. XVI. En général les Gouverneurs des
Provinces & des Villes, s'ils ont des troupes à leur diſpoſition, peuvent ſe défendre
de leur propre autorité contre un ennemi
qui les attaque; mais ils ne doivent jamais
porter la guerre dans quelqu'autre pays,
ſans un ordre exprès de leurs Souverains.

§. XVII. Ce fut en vertu de ce privilége
que donne la néceſſité, que Lucius Pina-
rius Gouverneur d'*Enna en Sicile* pour
les Romains, ſçachant avec certitude que
les habitans tramoient de ſe ranger ſous
l'obéiſſance de Carthage, fit main-baſſe ſur
eux & ſauva ainſi la place; mais hors ces
cas-là les habitans d'une ville n'ont nul
droit de prendre les armes pour ſe venger
des injures dont le Prince néglige lui-
même de tirer raiſon.

§. XVIII. Une ſimple préſomption de

la volonté du Souverain ne feroit pas même
fuffifante pour difculper un Gouverneur
ou tel autre Officier qui entreprendroit la
guerre hors des cas de néceffité, fans aucun
ordre ni général ni particulier : car ce n'eft
pas affez de voir, dans telle ou telle fitua-
tion des chofes, quel parti on a lieu de
croire que prendroit le Souverain fi on le
confultoit ; mais il faut plutôt confidérer
en général ce qu'il faudroit qu'on fît fans
le confulter lorfqu'on a le tems ou que
l'affaire eft douteufe : or fans contredit, le
Souverain ne confentira jamais que fes Miniftres puiffent, toutes les fois qu'ils ju-
geront à propos, entreprendre fans fon
ordre une affaire auffi capitale & d'une
auffi grande importance qu'eft la guerre
offenfive dont il eft ici queftion.

§. XIX. Ainfi dans ces circonftances,
quelque parti que le Souverain lui-même
eût trouvé à propos de prendre, s'il avoit
été confulté, & quelque fuccès qu'ait pu
avoir la guerre entreprife fans fes ordres,
il eft toujours libre au Souverain de ratifier
ou non l'entreprife de fon Miniftre. S'il la
ratifie, cette approbation rend la guerre
folemnelle par un effet rétroactif ; de forte
que tout le corps de l'Etat en eft alors

responsable ; mais si le Souverain desavoue l'action du Gouverneur, les actes d'hosti‑lité que celui-ci a commencé d'exercer, doivent passer pour de purs brigandages dont la faute ne rejaillit en aucune ma‑nière sur l'Etat, pourvû que d'ailleurs on livre le Gouverneur ou qu'on le punisse suivant les loix du pays, en procurant autant qu'il est possible, la réparation du dommage qu'il a causé.

§. XX. Au reste on peut remarquer ici que dans les Sociétés civiles, lorsque quel‑qu'un des citoyens a fait du mal à quelque étranger, on s'en prend quelquefois à tout le corps de l'Etat ou à celui qui en est le chef, en telle sorte que l'on peut lui dé‑clarer la guerre pour cela ; mais pour donner lieu à cette espéce d'imputation, il faut nécessairement supposer l'une de ces deux choses, ou que les Souverains ont souffert que l'on fît tort à l'étranger, ou qu'ils donnent retraite au coupable.

§. XXI. Sur le premier cas, il faut poser pour maxime qu'un Souverain qui ayant connoissance des crimes de ses sujets, comme, par exemple, qu'ils exercent la piraterie sur les étrangers, & qui d'ailleurs pouvant & devant l'empêcher ne le fait pas , se rend lui-même coupable , parce qu'il a consenti à l'action mauvaise qu'il laisse commettre , & fournit par conséquent un juste sujet de guerre.

§. XXII. Les deux conditions dont on vient de parler , je veux dire la connoissance & la tolérance du Souverain, sont absolument nécessaires , & l'une ne suffit pas sans l'autre ; or on présume qu'un Souverain sçait tout ce que ses sujets font tous les jours d'une manière ouverte & sans se cacher : pour le pouvoir d'empêcher le mal, on le présume aussi toujours, à moins que le Prince ne prouve clairement son impuissance.

§. XXIII. L'autre manière dont un Souverain se rend coupable par rapport au crime d'autrui, c'est lorsqu'il donne une retraite au coupable , & qu'il empêche ainsi qu'on ne le punisse. PUFFENDORF prétend là-dessus que si l'on est tenu de livrer le coupable qui s'est refugié chez nous, c'est plutôt en vertu de quelque traité fait là-dessus , qu'en conséquence d'une obligation commune & indispensable.

§. XXIV. Mais il me semble que c'est sans des raisons suffisantes, que PUFFENDORF a abandonné à cet égard le sentiment de G ʀ o ʈ ɪ ᴜ s, qui paroît mieux établi. Voici donc à quoi se réduisent les principes de ce dernier auteur sur cette question.

1°. Depuis l'établissement des Sociétés civiles, on a effectivement accordé à chaque Souverain qu'il seroit le seul qui eût droit de punir, comme il trouveroit à propos, les fautes de ses sujets qui intéressent proprement le corps dont ils sont membres.

§. XXV. 2°. Mais on ne leur a pas laissé un droit si absolu & si particulier à l'égard des crimes qui intéressent en quelque façon la Société humaine ; en telle sorte que par rapport à ces crimes, les autres Etats ou leurs Chefs ont droit d'en poursuivre la punition.

§. XXVI. 3°. A plus forte raison ont-ils ce droit, lorsqu'il s'agit des crimes par lesquels ils sont offensés d'une manière directe, & à l'égard desquels ils ont un droit parfait de punition pour le maintien de leur Société ou de leur honneur ; ainsi dans ces circonstances, l'Etat ou le chef de l'Etat chez qui un coupable étranger se retire, ne doit apporter, en tant qu'en lui est, aucun empêchement à l'exécution qui appartient à toute autre Puissance.

§. XXVII. 4°. Or comme un Prince ne permet pas ordinairement qu'un autre Prince envoie sur ses terres des gens armés pour se saisir des criminels qu'il veut punir, (& cela aussi seroit sujet à de fâcheux inconvéniens) il faut nécessairement que le Souverain sur les terres duquel se trouve un coupable atteint & convaincu, fasse de deux choses l'une, ou qu'il punisse lui-même le coupable à la requisition du Souverain offensé, ou qu'il le remette entre les mains de celui-ci, pour qu'il le punisse ainsi qu'il le trouvera à propos; & c'est ce qu'on appelle livrer, & dont on trouve tant d'exemples dans l'histoire.

§. XXVIII. 5°. Les principes que l'on vient d'établir touchant l'obligation de punir ou de livrer, regardent non seulement les coupables qui ont toujours été sujets de l'Etat dans les terres duquel ils se trouvent, mais encore ceux qui après avoir commis quelque crime, sont venus se refugier dans le pays.

§. XXIX. 6°. Enfin il faut encore remarquer que le droit qu'ont les Puissances souveraines, de demander qu'on leur livre les criminels qui se sont sauvés de leurs terres, n'a lieu suivant l'usage établi depuis plusieurs siécles dans la plus grande partie de l'Europe, qu'en matière de crime d'Etat ou de ceux qui sont d'une énormité extrême, Pour les crimes moins considéra-bles, on les dissimule de part & d'autre, à moins qu'on n'en soit autrement convenu par quelque traité particulier.

§. XXX. Outre toutes les espéces de guerre dont on a parlé jusqu'ici, on peut encore les distinguer en guerres *pleines &* *parfaites*, & en guerres *imparfaites*. La guerre pleine & parfaite, est celle qui rompt entièrement & à tous égards l'état de paix & de société, & qui donne lieu à tous les actes d'hostilité quels qu'ils puis-sent être : la guerre imparfaite est au con-traire celle qui ne rompt pas la paix à tous égards, mais pour de certaines choses seu-lement, l'état de paix subsistant quant au surplus.

§. XXXI. C'est à cette dernière espéce de guerre que l'on rapporte communément les représailles, dont il est à propos de traiter ici. On entend donc par les repré-sailles, *cette espéce de guerre imparfaite, ces actes d'hostilité que les Souverains exercent les uns contre les autres, ou leurs sujets par leur consentement, en arrêtant ou les per-*

sonnes ou les effets des sujets d'un Etat qui a commis à notre égard quelque injustice qu'il refuse de réparer, afin de nous procurer des sûretés à cet égard, & pour l'engager à nous rendre justice ; & au cas qu'il persiste à nous la refuser, de nous la faire à nous-mêmes, l'état de paix subsistant quant au surplus.

§. XXVIII. GROTIUS prétend que les représailles ne sont point fondées sur un droit naturel & de nécessité, mais seulement sur une espéce de droit des gens arbitraire, par lequel la plûpart des Nations sont convenues entr'elles que les biens des sujets d'un Etat, seroient comme hypothéqués pour ce que l'Etat ou le chef de l'Etat pourroit devoir, soit directement & par eux-mêmes, soit en tant que faute de rendre bonne justice, ils seroient rendus responsables du fait d'autrui.

§. XXXIII. Mais ce n'est point ici un droit arbitraire fondé sur un prétendu droit des gens, dont on ne sçauroit prouver l'existence & dans lequel tout se réduit à un usage plus ou moins étendu, mais qui par lui-même n'a jamais force de loi : le droit dont il s'agit ici, est une suite de la constitution des Sociétés civiles, & une application des maximes du droit naturel à cette conftitution.

§. XXXIV. Dans l'indépendance de l'état de nature, & avant qu'il y eût aucun Gouvernement, perfonne ne pouvoit s'en prendre qu'à ceux-là même de qui il avoit reçu du tort ou à leurs complices, parce que perfonne n'avoit alors avec d'autres une liaifon en vertu de laquelle il pût être cenfé participer en quelque manière à ce qu'ils faifoient même fans fa participation.

§. XXXV. Mais depuis qu'on eut formé des Sociétés civiles, c'eft-à-dire, des corps dont tous les membres s'uniffent enfemble pour leur défenfe commune, il a néceffairement réfulté de-là une communauté d'intérêts & de volontés, qui fait que comme la Société ou les Puiffances qui la gouvernent, s'engagent à fe défendre chacun contre les infultes de tout autre, foit citoyen foit étranger, chacun auffi peut être cenfé s'être engagé à répondre de ce que fait ou doit faire la Société dont il eft membre, ou les Puiffances qui la gouvernent.

§. XXXVI. Aucun établiffement humain, aucune liaifon où l'on entre, ne fçauroit difpenfer de l'obligation de cette

loi générale & inviolable de la nature,
qui veut que le dommage que l'on a caufé
à autrui foit réparé, à moins que ceux qui
font par-là expofés à en fouffrir, n'ayent
manifeftement renoncé au droit d'exiger
cette réparation ; & lorfque ces fortes d'éta-
bliffemens empêchent à certains égards,
que ceux qui ont été léfés ne puiffent obtenir auffi aifément la fatisfaction qui leur
eft dûe, qu'ils l'auroient fait fans cela, il
faut réparer cette difficulté en fourniffant
aux intéreffés toutes les autres voies pof-
fibles de fe faire eux-mêmes raifon.

§. XXXVII. Or il eft certain que les
Sociétés ou les Puiffances qui les gouvernent, par cela même qu'elles font armées
des forces de tout le corps, font quelquefois encouragées à fe moquer impunément
des étrangers qui viennent leur demander
quelque chofe qu'elles leur doivent, & que
chaque fujet contribue d'une manière ou
d'autre à les mettre en état d'en ufer ainfi ;
de forte que par-là il peut être cenfé y
confentir en quelque forte ; que s'il n'y
confent pas en effet, il n'y a pas après tout
d'autre manière de faciliter aux étrangers
léfés, la pourfuite de leurs droits devenue
difficile par la réunion des forces de tout le

corps, que de les autorifer à s'en prendre à tous ceux qui en font partie.

§. XXXVIII. Concluons donc que par une fuite même de la conftitution des Sociétés civiles, chaque fujet demeurant tel, eft refponfable par rapport aux étrangers, de ce que fait ou doit faire la Société ou le Souverain qui la gouverne, fauf à lui de demander un dédommagement lorfqu'il y a de la faute ou de l'injuftice de la part des fupérieurs : que fi quelquefois on eft fruftré de ce dédommagement, il faut regarder cela comme un des inconvéniens que la conftitution des affaires humaines rend inévitables dans tout établiffement humain. Si l'on joint à toutes ces raifons les raifons mêmes de convenance que rapporte GROTIUS, on conviendra aifément qu'il n'eft pas néceffaire de fuppofer ici un confentement tacite des peuples, pour fonder le droit de repréfailles.

§. XXXIX. Les repréfailles étant des actes d'hoftilité, & qui dégénèrent même fouvent dans une guerre pleine & parfaite, il eft bien évident qu'il n'y a que le Souverain qui puiffe les exercer légitimement, & que les fujets ne peuvent le faire que de fon ordre & par fon autorité.

§. XL. D'ailleurs il est nécessaire que le tort ou l'injustice que l'on nous fait & qui occasionne les représailles, soit manifeste & évident, & qu'il s'agisse de quelque interêt considérable. Si l'injustice est douteuse ou de peu de conséquence, il seroit également injuste & périlleux d'en venir à cette extrémité, & de s'exposer ainsi à tous les maux d'une guerre ouverte : on ne doit pas non plus en venir aux représailles avant que d'avoir tâché d'obtenir raison par les voies ordinaires du tort qui nous a été fait ; il faut s'adresser pour cela au Magistrat de celui qui nous a fait injustice ; après quoi si le Magistrat ne nous écoute point ou nous refuse satisfaction, on peut pour se la procurer user de représailles.

§. XLI. En un mot, il n'est pas permis d'en venir aux représailles, que lorsque tous les moyens ordinaires d'obtenir ce qui nous est dû viennent à nous manquer ; en telle sorte, par exemple, que si un Magistrat subalterne nous avoit refusé la justice que nous demandons, il ne nous seroit pas encore permis d'user de représailles avant que de nous être adressé au Souverain de ce Magistrat même, qui peut-être nous rendra justice. Dans ces circonſtances on peut donc ou arrêter les ſujets d'un Etat, ſi l'on arrête nos gens chez eux, ou ſaiſir leurs biens & leurs effets : mais quelque juſte ſujet qu'on ait d'uſer de repréſailles, on ne peut jamais directement, pour cette ſeule raiſon, faire mourir ceux dont on s'eſt ſaiſi : on doit ſeulement les garder ſans les maltraiter, juſqu'à ce que l'on ait obtenu ſatisfaction ; de ſorte que pendant tout ce tems-là ils ſont comme en ôtage.

§. XLII. Pour les biens ſaiſis par droit de repréſailles, il faut en avoir ſoin juſqu'à ce que le tems auquel on doit nous faire ſatisfaction ſoit expiré, après quoi on peut les adjuger au créancier ou les vendre pour l'acquit de la dette, en rendant à celui ſur qui on les a pris, ce qui reſte, tous frais déduits.

§. XLIII. Remarquons encore qu'il n'eſt permis d'uſer de repréſailles qu'à l'égard des ſujets proprement ainſi nommés & de leurs biens ; car pour ce qui eſt des étrangers qui ne font que paſſer, ou qui viennent ſeulement pour demeurer quelque-tems dans le pays, ils n'ont pas une aſſez grande liaiſon avec l'Etat, dont ils ne ſont membres qu'à tems & d'une manière imparfaite, pour que l'on puisse se dédommager sur eux du tort qu'on a reçu de quelque citoyen originaire & perpétuel, & du refus que le Souverain a fait de nous rendre justice. Il faut encore excepter ici les Ambassadeurs qui sont des personnes sacrées, même pendant une guerre pleine & entière : mais pour ce qui est des femmes, des ecclésiastiques, des gens de lettres &c. le droit naturel ne leur accorde ici aucun privilége, s'ils ne l'ont d'ailleurs acquis en vertu de quelque traité. Cela peut suffire sur les représailles.

§. XLIV. Enfin quelques politiques distinguent encore ces guerres qui se font entre deux ou plusieurs Souverains, & celles des sujets contre les puissances ; mais il est aisé de sentir que lorsque des sujets prennent les armes contre leur Souverain, ils le font ou pour de justes raisons & suivant les principes que nous avons établis ci-dessus, ou sans en avoir un sujet légitime : au dernier cas, c'est plutôt une révolte, un soulevement, qu'une guerre proprement ainsi nommée. Mais si les sujets ont de justes raisons de résister à leur Souverain, c'est une véritable guerre, puisqu'il n'y a plus alors ni Souverain ni fujet, & que tous lien de dépendance & d'obligation vient à ceffer. Les deux partis oppofés font alors dans l'état de nature & d'égalité : ils tâchent de fe faire raifon par leurs propres forces : c'eft donc une véritable guerre, & voila qui peut fuffire fur les différentes efpèces de guerres.

CHAPITRE IV.

Des chofes qui doivent précéder la Guerre.

§. I. QUelque jufte fujet qu'on ait de faire la guerre, cependant comme elle entraîne après foi & d'une manière inévitable une infinité de maux & même fouvent des injuftices, il eft certain que l'on ne doit pas fe porter d'abord ni trop facilement à en venir à une extrémité dangereufe, & qui peut être très-funefte au vainqueur lui-même.

§. II. Voici donc les ménagemens que la prudence veut que les Souverains obfervent dans ces circonftances.

1°. En fuppofant que le fujet de la guerre eft jufte en lui-même, il faut qu'il s'agiffe d'une chofe de grande conféquence

pour

pour nous ; il vaut mieux diſſimuler ou relâcher quelque choſe de ſon droit, lorſ-que la choſe n'eſt pas conſidérable, que d'en venir aux armes.

2°. Il faut que l'on ait au moins quel-que apparence probable de réuſſir, car ce ſeroit une témérité criminelle, une véri-table folie que de s'expoſer de gaieté de cœur à une deſtruction certaine & à ſe je-ter dans un plus grand mal, pour en éviter un moindre.

3°. Enfin, il faut qu'il y ait une véri-table néceſſité à prendre les armes, c'eſt-à-dire, que l'on ne puiſſe employer aucun autre moyen plus doux pour obtenir ce que nous demandons, ou pour nous mettre à couvert des maux qui nous menacent.

§. III. Non-ſeulement ce ſont là des principes de prudence, mais la maxime générale de la ſociabilité & de l'amour de la paix, veut que nous en uſions de cette manière ; maxime qui n'a pas moins de force par rapport aux Nations, que par rapport aux particuliers : c'eſt donc une néceſſité au Souverain de ſuivre ces maxi-mes : la juſtice du Gouvernement les y oblige par une ſuite de la nature même & du but de l'autorité ; ils doivent toujours prendre un foin particulier de l'Etat & de leurs fujets, & par conféquent ne les expofer à tous les maux que la guerre entraîne après foi, qu'à la dernière extrémité, & lorfqu'il ne refte plus d'autres reffources que celle des armes.

§. IV. Ce n'eft donc pas affez que la guerre foit jufte en elle-même par rapport à l'ennemi; il faut encore qu'elle le foit par rapport à nous-mêmes & à nos fujets. PLUTARQUE nous rapporte là-deffus que « parmi les anciens Romains, lorf-» que les Prêtres nommés *Féciaux* avoient » conclu que l'on pouvoit juftement en-» treprendre la guerre » le Sénat exami-noit encore s'il étoit avantageux de s'y engager.

§. V. Or entre les moyens de terminer les différens entre les Nations fans en venir aux armes, il y en a trois principaux. Le premier eft une conférence amiable entre les Parties qui ont quelque démêlé, & là-deffus CICERON remarque fort judi-cieufement, « que cette manière de termi-» ner un différent par la difcuffion des » raifons de part & d'autre, convient par-» ticulièrement à l'homme, que la force » appartient aux bêtes, & qu'il ne faut

» y avoir recours que quand on ne peut
» employer l'autre voie utilement.

§. VI. Le second moyen de terminer
un différent entre ceux qui n'ont point un
Juge commun, c'est un compromis entre
les mains d'Arbitres; les Grands négli-
gent pour l'ordinaire cette manière de terminer les difficultés, mais elle mérite af-
surément d'être suivie par ceux qui aiment
la justice & la paix, & elle l'a aussi été
par plusieurs grands Princes & par des
peuples illustres.

§. VII Enfin, le troisième que l'on
peut quelquefois employer avec succès,
c'est la voie du sort. J'ai dit, que l'on
peut quelquefois employer cette voie;
car il n'est pas assurément toujours permis
de remettre à la décision du sort l'issue
d'un différent ou d'une guerre. On n'a plein
pouvoir de prendre cette voie, comme on
le juge à propos, que quand il s'agit d'une
chose sur laquelle on a un plein droit & à
laquelle on peut renoncer; mais en général l'obligation où est le Souverain de
conserver la vie, l'honneur ou la Religion
des citoyens, & autres choses semblables,
comme aussi l'obligation où il est de maintenir l'honneur de l'Etat, ces obligations

font trop fortes & trop confidérables pour que le Souverain puiſſe renoncer à l'uſage des moyens les plus naturels & les plus apparens pour ſa propre conſervation & pour celles des autres, & employer d'abord la voye du fort, qui eſt de ſa nature entièrement incertaine.

§. VIII. Mais à cela près, ſi tout bien compté, celui qui a été injuſtement attaqué ſe trouve ſi foible, qu'il ne voye aucune apparence de pouvoir réſiſter à l'ennemi, rien n'empêche ce ſemble, qu'il n'offre de vuider le différent par la voix du fort, pour éviter ainſi un péril certain en s'expoſant à un danger incertain ; car c'eſt alors le moindre de deux maux inévitables.

§. IX. Il y a encore un autre moyen qui a quelque rapport avec le fort ; ce ſont les combats ſinguliers ou particuliers que l'on a mis pluſieurs fois en uſage pour terminer les différens qui étoient prêts à cauſer la guerre entre deux peuples : & en effet, rien n'empêche que pour prévenir la guerre & les malheurs qu'elle entraîne, on ne s'en rapporte au combat entre un certain nombre de gens, dont on eſt convenu de part & d'autre. L'hiſtoire nous fourni plusieurs exemples de ces sortes de combats, comme celui d'*Enée* & de *Turnus*, de *Menelas* & de *Paris*, des *Horaces* & des *Curiaces*.

§. X. C'est une question importante de sçavoir, si l'on fait bien d'exposer ainsi l'intérêt de tout un Etat au hazard de ces sortes de combats : Il semble d'un côté que par ce moyen on épargne le sang humain & qu'on abrége les malheurs de la guerre; de l'autre, on peut dire avec quelque apparence de raison, qu'il vaut mieux s'engager même dans une guerre sanglante, que de risquer d'un seul coup la liberté & le salut de l'Etat par un combat décisif, d'autant mieux que même après avoir perdu une ou deux batailles, on peut se relever par une troisième où l'on sera victorieux.

§. XI. Cependant on peut dire, que si l'on n'a d'ailleurs aucune apparence de bon succès, ou qu'il ne s'agisse pas de la liberté ou du salut de l'Etat, il semble que rien n'empêche que l'on n'embrasse ce parti, comme le moindre de deux maux auxquels on est inévitablement exposé.

§. XII. GROTIUS, en examinant cette question, prétend que ces sortes de combats ne font pas conformes à la justice intérieure, quoiqu'ils foient approuvés par un droit des gens externe, & que les particuliers ne peuvent pas s'expofer volontairement à de pareils combats fans péché, quoique ces mêmes combats puiffent être innocemment permis par l'Etat ou par le Souverain pour éviter de plus grands maux ; mais on a bien remarqué que les raifons dont fe fert ce grand homme pour appuyer fon fentiment, ou ne prouvent rien, ou bien qu'elles prouvent en même tems, qu'il n'eft jamais permis d'expofer fa vie dans un combat, quel qu'il foit.

§. XIII. On peut même dire que GROTIUS n'eft pas bien d'accord avec lui-même, puifqu'il permet ces fortes de combats, lorfque fans cela il y a toutes les apparences du monde que celui dont la caufe eft injufte fera victorieux, & fera ainfi périr un grand nombre de perfonnes innocentes : car cette exception fait voir que la chofe en elle-même n'eft point mauvaife, & que tout le mal qu'il peut y avoir ici, confifte à expofer fa vie ou celles des autres au hazard du combat fans néceffité. Le defir de finir ou de prévenir la guerre qui a toujours de fi fâcheufes fuites, même pour le parti victorieux, est si louable, qu'il peut excuser, sinon justifier entiérement ceux qui s'engageroient ou qui engageroient même imprudemment les autres dans un combat de cette nature. Quoi qu'il en soit, il est du moins certain qu'en ce cas-là ceux qui combattent par ordre de l'Etat sont tout-à-fait innocens; car ils ne sont pas plus obligés d'examiner si l'Etat agit prudemment ou non, que quand on les envoie à un assaut ou à une bataille rangée.

§. XIV. Remarquons cependant que c'étoit une folle superstition que celle de ces peuples qui regardoient les combats singuliers comme un moyen légitime de terminer tous les différens, même entre des particuliers, & qui s'imaginoient que la Divinité faisoit toujours triompher le parti le plus juste, & qui pour cela appelloient ces sortes de combats des *jugemens de Dieu.*

§. XV. Enfin, si après avoir fait tous ses efforts pour terminer les différens à l'amiable, il ne reste plus aucune espérance, & que l'on se voye contraint pour dernière ressource d'entreprendre la guerre, l'on doit encore avant que de le faire, la déclarer formellement à l'ennemi.

§. XVI. Cette déclaration de guerre confidérée en elle-même & indépendamment des formalités particulières de chaque peuple, n'eſt pas ſimplement du droit des gens à prendre ce mot dans le ſens de Grotius, mais du droit même naturel. En effet, la prudence & l'équité naturelle demandent également qu'avant que de prendre les armes contre quelqu'un, on tente toutes fortes de voies de douceur avant que d'en venir à cette extrémité. Il faut donc ſommer celui de qui on a reçu quelque tort de nous en faire quelque ſatisfaction au plutôt, pour voir s'il ne voudroit pas penſer à lui-même, & nous éviter la néceſſité de pourſuivre notre droit par la voie des armes.

§. XVII. Il s'enſuit de ce que nous venons de dire, que la déclaration de guerre n'a lieu que dans les guerres offenſives; car lorſque l'on eſt actuellement attaqué, cela ſeul nous donne lieu de croire que l'ennemi a bien réſolu de ne point entendre parler d'accommodement.

§. XVIII. Il s'enſuit encore, que l'on ne doit pas commencer les actes d'hoſtilité immédiatement après avoir déclaré la guerre, mais qu'il faut attendre du moins autant que l'on peut, sans se causer à soi-même du préjudice, que celui qui nous a fait du tort ait refusé hautement de nous satisfaire, & se soit mis en devoir de nous attendre de pied ferme ; & cela, encore même qu'il n'y ait pas beaucoup d'espérance qu'il se dispose à nous donner satisfaction. Autrement la déclaration de guerre ne seroit plus qu'une vaine cérémonie, & on ne doit rien négliger pour faire voir à tout le monde & à l'ennemi même, que ce n'est qu'à la dernière extrémité que l'on prend les armes pour obtenir ou maintenir ses justes droits, après avoir tenté toute autre sorte de voie & lui avoir donné tout le tems de revenir à lui-même.

§. XIX. On distingue la déclaration de guerre, en *déclaration conditionnelle* & en *déclaration pure & simple*. La déclaration conditionnelle est celle qui est jointe avec la demande solemnelle de la chose qui nous est due, & sous cette condition que si on ne nous satisfait pas, nous nous ferons raison par les armes. La déclaration pure & simple, est celle qui ne renferme aucune condition, mais par laquelle on renonce purement à l'amitié & à la

fociété de celui à qui on déclare la guerre ;
mais la déclaration de guerre, de quelque
manière qu'elle se fasse, est par sa nature
conditionnelle. * On doit toujours être dis-
posé à recevoir une satisfaction raisonnable
du moment que l'ennemi l'offre, & c'est
ce qui fait que quelques personnes rejet-
tent cette distinction de la déclaration de
guerre. Mais elle peut pourtant se soute-
nir, en supposant que celui à qui on déclare la guerre purement & simplement, a
déja assez témoigné qu'il n'avoit aucun
dessein de nous épargner la nécessité d'en
venir aux mains avec lui. Jusques-là donc
la déclaration peut bien, du moins quant
à la forme, être pure & simple, sans préjudice des dispositions où l'on doit toujours être, supposé que l'ennemi revînt à
lui-même, ce qui regarde la fin de la guerre plutôt que les commencemens, auxquels se rapporte la distinction des déclarations, en pures & en conditionnelles.

§. XX. Au reste, du moment que la
guerre a été déclarée à un Souverain, non-
seulement elle est censée déclarée en même tems à tous les sujets, qui avec lui ne

* *Vide supra, n. XVIII.*

font qu'une feule perfonne morale, mais encore à tous ceux qui dans la fuite peuvent fe joindre à lui, & qui ne doivent être regardés par rapport à l'ennemi principal, que comme des fecours ou des acceffoires.

§. XXI. Pour ce qui eft des formalités que les différentes Nations obfervent dans les déclarations de guerre, elles font toutes arbitraires par elles-mêmes. Il eft donc indifférent qu'on le faffe par des Envoyés, par des Hérauts ou par des Lettres, que ce foit à la perfonne même du Souverain ou aux fujets, pourvu néanmoins que le Prince ne puiffe pas l'ignorer.

§. XXII. A l'égard des raifons pour lefquelles les peuples ont trouvé à propos que la guerre, pour être légitime & folemnelle, fût précédée d'une déclaration & du but qu'ils fe font propofé en cela, GROTIUS prétend que c'eft afin qu'on pût être d'autant mieux affuré que la guerre étoit entreprife, non par une autorité privée, mais par l'ordre de l'un ou de l'autre peuple ou de leurs Souverains.

§. XXIII. Mais cette raifon de GROTIUS paroît peu fuffifante ; car eft-on plus affuré que la guerre fe fait par autorité publique, lorfqu'un Héraut par exemple vient de

la déclarer avec certaines cérémonies, qu'on
ne le feroit lorfqu'on verroit fur les frontières une armée commandée par quelqu'un
des principaux de l'Etat & prête à entrer
dans notre pays? Ne pourroit-il pas au contraire arriver plus aifément, qu'une perfonne ou quelque peu de perfonnes s'éri-
geaffent de leur chef en Hérauts, que non
pas qu'un homme levât de fon autorité une
armée & la menât fur la frontière à l'in-
fçu du Souverain ?

§. XXIV. La vérité eft , que le but
principal des déclarations de guerre, ou
du moins ce qui en a fait établir l'ufage,
c'eft afin de faire connoître à tout le monde
que l'on a un jufte fujet de prendre les armes & de témoigner à l'ennemi même,
qu'il n'a tenu & qu'il ne tient encore qu'à
lui de l'éviter. Les déclarations de guerre , les manifeftes que les Princes pu-
blient, font à cet égard un jufte refpect
qu'ils ont les uns pour les autres & pour
la Société en général , à laquelle ils rendent ainfi en quelque façon compte de
leur conduite pour obtenir leur approbation : c'eft ce qui paroît en particulier par
la manière dont les Romains faifoient
cette déclaration ; celui que l'on envoyoit

pour cela prenoit à témoins les Dieux, que le peuple à qui ils déclaroient la guerre, étoit injuste, en ne voulant point faire ce que le droit & la justice demandoient.

§. XXV. Enfin, il faut encore remarquer ici, que l'on ne doit pas confondre la *déclaration* de la guerre avec la *publication* de la guerre : cette dernière se fait en faveur des sujets mêmes du Prince qui déclare la guerre, & pour leur apprendre que telle ou telle Nation doit être regardée dans la suite comme ennemie, & qu'ils doivent prendre leurs mesures là-dessus.

CHAPITRE V.

Régles générales pour connoître ce qui est permis dans la Guerre.

§. I. CE n'est pas assez pour qu'une guerre se fasse avec justice, qu'elle soit entreprise pour un juste sujet, & que l'on y observe d'ailleurs les autres choses dont nous avons parlé jusqu'ici; mais il faut de plus, qu'en la faisant, on reste dans les termes de la justice, de l'humanité, & qu'on ne pousse pas les actes d'hostilité au de-là de leurs bornes.

§. II. GROTIUS, en traitant cette matière, établit d'abord trois régles générales qui font autant de principes, & qui fervent à faire comprendre quelle eft l'étendue des droits de la guerre & jufques où ils peuvent être portés.

§. III. La première, c'eft que tout ce qui a une liaifon moralement néceffaire avec le but de la guerre eft permis, & rien davantage. En effet, il feroit tout-à-fait inutile d'avoir droit de faire une chofe, fi l'on ne pouvoit fe fervir des moyens néceffaires pour en venir à bout ; mais auffi il ne feroit pas jufte que fous prétexte de défendre fon droit, on fe crût tout permis, & qu'on fe portât aux dernières extrémités.

§. IV. *Seconde régle.* Le droit qu'on a contre un ennemi & que l'on pourfuit par les armes, ne doit pas être confidéré uniquement par rapport au fujet qui fait commencer la guerre, mais encore par rapport aux nouvelles caufes qui furviennent dans la fuite & pendant le cours de la guerre : tout de même qu'en juftice une des Parties acquiert fouvent un nouveau droit pendant le cours du procès. C'eft-là le fondement du droit que l'on a d'agir contre ceux qui fe joignent à notre ennemi pendant le cours de la guerre, soit qu'ils dépendent de lui ou non

§. V. Enfin *la troisième régle*, c'est qu'il y a bien de chofes, qui quoiqu'illicites d'ailleurs, deviennent permifes dans la guerre, parce qu'elles en font desfuites inévitables, & qu'elles arrivent contre notre intention & fans un deffein formel : autrement il n'y auroit jamais moyen de faire la guerre fans injuftice, & les actions les plus innocentes devroient fouvent être regardées comme injuftes, puifqu'il y en a peu d'où il ne puiffe, par occafion, provenir quelque mal contre l'intention de l'agent.

§. VI. Ainfi, par exemple, pour avoir ce qui nous appartient, on a droit de prendre une chofe qui vaut davantage, fi l'on ne peut pas prendre précifément autant qu'il nous eft dû, fous l'obligation néanmoins de rendre la valeur de ce qui eft au delà de la dette. On peut auffi canonner un vaiffeau plein de Corfaires, quoique dans ce vaiffeau il fe trouve quelques femmes, quelquesenfans, ou d'autres perfonnes innocentes, qui courent rifque d'être enveloppées dans la ruine de ceux que l'on veut & que l'on peut faire périr avec juftice.

§. VII. Telle est l'étendue du droit que l'on a contre un ennemi en vertu de l'état de guerre : cet état anéantissant par lui-même l'état de société, quiconque se déclare notre ennemi, nous autorise par-là à agir contre lui par des actes d'hostilité poussés à l'infini & aussi loin qu'on le juge à propos, & cela non seulement jusqu'à ce qu'on se soit mis à couvert des dangers dont on est menacé : ou qu'on ait recouvré ce qui nous avoit été enlevé injustement, ou que l'on se soit fait rendre ce qui nous étoit dû ; mais encore jusqu'à ce qu'on nous ait donné de bonnes suretés pour l'avenir : il n'est donc pas toujours injuste de rendre plus de mal qu'on n'en avoit effectivement reçu.

§. VIII. Mais il faut encore remarquer ici, que quoique ces maximes soient vraies en vertu du droit rigoureux de la guerre, la loi de l'humanité met néanmoins des bornes à ce droit; elle veut que l'on considère non seulement si tels ou tels actes d'hostilités peuvent être exercés contre un ennemi sans qu'il ait lieu de s'en plaindre, mais encore s'ils sont dignes d'un vainqueur humain ou même d'un vainqueur généreux. Ainsi, autant qu'il est possible,

&

& que notre défenſe & notre ſureté pour
l'avenir nous le permettent, il faut tempérer les maux que l'on fait à un ennemi
par les principes de l'humanité.

§. IX. Pour ce qui eſt des voies même
que l'on peut employer légitimement contre un ennemi, il eſt bien évident que la
terreur & la force ouverte ſont le caractère propre de la guerre, comme auſſi la voie
la plus commune dont on ſe ſert, mais
il n'eſt pas moins permis d'employer la ruſe
& l'artifice contre un ennemi; pourvu
qu'on le faſſe ſans perfidie & ſans manquer
à ce qu'on a promis; ainſi on peut tromper l'ennemi par de fauſſes nouvelles &
des diſcours inventés à plaiſir; mais on ne
doit jamais violer ce à quoi on s'eſt engagé envers lui par quelque promeſſe ou par
quelque convention, comme nous le ferons voir plus particulièrement dans la
ſuite.

§. X. On peut juger par là du droit
des *ſtratagèmes*, & l'on ne ſçauroit raiſonnablement douter que l'on ne puiſſe innocemment employer la ruſe & l'artifice à
l'égard de celui contre lequel on peut tour-
ner toutes ſes forces : les premiers moyens
ont même cet avantage ſur les derniers,

qu'ils font ordinairement fuivis de moins
de maux , & que l'on conferve par-là la vie
à bien des innocens.

§. XI. Il eft vrai que quelques Nations ont
quelquefois rejeté l'ufage des rufes & des
tromperies dans la guerre : mais, ce n'étoit
pas que l'on y trouvât de l'injuftice, c'eft
par une efpéce de grandeur d'ame bien ou
mal entendue , & fouvent par la confiance qu'elles avoient en leurs propres forces.
Les Romains prefque jufques à la fin de la
feconde guerre Punique, fe faifoient un
point d'honneur de n'ufer d'aucune rufe
de guerre.

§. XII. Tels font les principes, au moyen
defquels on peut juger jufques à quel degré
on peut pouffer les actes d'hoftilité. Ajoutons là-deffus que la plûpart des Nations
n'ont mis aucunes bornes aux droits
que la loi naturelle donne d'agir contre
un ennemi ; & pour dire la vérité, il eft
bien difficile de déterminer précifément
jufqu'où il fuffit de porter les actes d'hoftilité; dans les guerres même les plus légitimes, pour fe défendre & pour obtenir
la réparation du dommage, ou pour fe
procurer les fûretés néceffaires pour l'a-
venir; d'autant plus que ceux qui entrent

en guerre se donnent eux-mêmes l'un à
l'autre & par une espéce de convention-ta-
cite, une liberté entière de tempèrer ou
d'augmenter la fureur des armes, & d'exercer toutes sortes d'actes d'hostilité, selon
que chacun le trouve à propos.

§. XLII. Et si les Généraux d'armée
punissent ceux qui ont porté les actes d'hostilité au delà des ordres précis qu'ils avoient
donnés, ce n'est pas tant parce qu'ils ont
fait par-là du tort à l'ennemi, mais principalement pour avoir violé les ordres de leur
Commandant, & afin de maintenir la dis-
cipline militaire qui demande beaucoup de
sévérité.

§. XLV. C'est encore par une conséquence de ces principes, que ceux qui
dans une guerre publique & solemnelle,
ont poussé le carnage & les pilleries au
delà de ce que la loi naturelle permet; ne
passent pas d'ordinaire dans le monde pour
des meurtriers ou pour des voleurs, & ne
sont pas punis comme tels. Il est établi entre les Nations, qu'il faut laisser cela à la
conscience de ceux qui se font la guerre,
plutôt que de s'attirer des querelles fâcheu-
ses, en s'ingérant de condamner l'une ou
l'autre des parties.

F

§. XV. On peut même dire que l'usage où font les Nations là-dessus, est fondé sur des principes naturels. En effet, suppofons que dans l'indépendance de l'état de nature, trente chefs de famille habitans d'une même contrée, se fuffent ligués pour attaquer ou pour repouffer d'autres chefs de famille unis enfemble, je dis que ni pendant cette guerre ni après qu'elle est finie, ceux de la même contrée ou d'ailleurs qui n'étoient point entrès dans la ligue ni d'une part ni d'une autre, ne devoient & ne pouvoient point punir comme meurtriers ou voleurs, aucun de ceux des deux partis qui pourroïent venir à tomber entre leurs mains.

§. XVI. Ils ne le pourroient pas pendant la guerre, car ce feroit époufer la querelle de l'un des deux partis, & par cela même qu'ils font d'abord demeurés neutres, ils ont clairement renoncé au droit de se mêler de ce qui pourroit se paffer dans cette guerre ; bien moins le pourroient-ils encore après la guerre finie, puifque la guerre ne pouvant finir fans quelque accommodement ou quelque traité de paix, les intéreffés eux-mêmes fe font réciproquement tenus quittes de tous les maux qu'ils s'étoient faits.

§. XVII. Le bien de la Société vouloit aussi que l'on suivît ces maximes : car si ceux qui demeurent neutres étoient autorisés à connoître des actes d'hostilité exercés dans une guerre étrangère, & en conséquence à punir ceux qu'ils jugeroient en avoir commis d'injustes & à prendre les armes pour ce sujet, au lieu d'une guerre il s'en éleveroit nécessairement plusieurs, & ce seroit une source féconde de querelles & de troubles. Plus les guerres devenoient fréquentes, & plus il étoit nécessaire, pour la tranquillité du genre humain, qu'on n'épousât pas légèrement la querelle d'autrui. L'établissement même des Sociétés civiles n'a fait que rendre plus nécessaire la pratique de ces maximes, parce que les guerres font devenues dès-lors, sinon plus fréquentes, du moins plus étendues & accompagnées d'un plus grand nombre de maux.

§. XVIII. Remarquons enfin que tous les Actes d'hostilité que l'on peut exercer légitimement contre un ennemi, peuvent être exercés & sur nos propres terres, & sur celles de l'ennemi, & sur une terre qui n'appartient à personne, & sur mer.

§. XIX. Il n'en est pas de même en pays

neutre, c'eſt-à-dire, dans ceux dont le Souverain n'a pris aucun parti entre ceux qui ſont en guerre. Dans ces tetres, on ne ſçauroit legitimement exercer aucun acte d'hoſtilité, ni ſur les perſonnes mêmo des ennemis ni ſur leurs biens ; & cela non point en vertu de quelque droit de l'enne-mi mêmo, mais par un juſte reſpect pour le Souverain du pays, qui n'ayant pris parti ni pour ni contre nous, nous met dans la néceſſité de reſpecter ſa Juriſdiction, & de ne commettre aucune violence ſur ſes ter-res. Ajoutez que par cela ſeul que le Sou-verain du pays eſt demeuré neutre, il s'eſt engagé tacitement à no permettre ſur ſon territoire aucun acte d'hoſtilité de part ni d'autre.

CHAPITRE VI.

Des droits que donne la Guerre ſur les perſon-nes des ennemis ; de leur étendue & de leurs bornes.

§. I. VOYONS maintenant dans quelque détail, les différens droits que la guerre donne ſur les perſonnes & ſur les

biens des ennemis, & commençons par
les premiers.

1°. Donc il est certain que l'on peut innocemment tuer un ennemi ; je dis innocemment, non seulement aux termes de la
justice extérieure, & qui passe pour telle
chez toutes les Nations, mais encore selon
la justice intérieure & les loix de la conscience : & en effet, le but de la guerre demande nécessairement que l'on ait ce pouvoir, autrement ce seroit en vain que l'on
prendroit les armes & que les loix de la nature le permettroient.

§. II. Si l'on ne consultoit ici que l'usage
des Nations, & ce que GROTIUS appelle le
Droit des Gens, cette licence de tuer l'ennemi s'étendroit bien loin ; on pourroit
dire qu'elle n'a point de bornes, & qu'elle
peut être exercée jusques sur les personnes
innocentes. Cependant quoiqu'il soit incontestable que la guerre entraîne après elle
une infinité de maux, qui considérés en
eux-mêmes font des injustices & de véritables cruautés, mais qui dans de certaines circonstances doivent plutôt être en-
visagés comme des malheurs inévitables,
il est vrai néanmoins que le droit que donne la guerre sur la personne & la vie de

l'ennemi, a des cornes, & qu'il y a ici des tempéramens à obferver, que l'on ne fçauroit négliger fans crime.

§. III. En général, il faut toujours avoir égard aux principes que nous avons établis dans le Chapitre précédent, pour juger du degré auquel on peut porter les actes d'hoftilité. Le pouvoir que l'on a d'ôter la vie à l'ennemi, ne va donc pas jufques à l'infini : & fi l'on peut parvenir au but légitime que l'on fe propofe en faifant la guerre, fi l'on peut fe défendre, fi l'on peut obtenir la réparation du tort qu'on nous a fait : & de bonnes furetés pour l'avenir en épargnant la vie de l'ennemi, il eft inconteftable que la juftice & l'humanité veulent qu'on en ufe de cette maniére.

§. IV. Il eft vrai que dans l'application de ces maximes aux cas particuliers, il eft quelquefois très-difficile, pour ne pas dire impoffible, de marquer préciſément l'étendue & les bornes qu'on doit leur donner ; mais au moins il eft toujours certain que l'on doit tâcher d'en approcher autant que l'on peut & fans bleffer nos intérêts bien entendus. Faifons l'application de ces principes aux particuliers.

§. V. 1°. Le droit de tuer l'ennemi, ne

regarde-t-il que ceux qui portent actuellement les armes, ou bien s'étend-il indifféremment sur tous ceux qui se trouvent
sur les terres de l'ennemi, soit qu'ils soient
sujets ou étrangers? Je réponds qu'à l'é-
gard de tous ceux qui sont sujets, la chose
est incontestable; ce sont là les ennemis
principaux, & l'on peut exercer sur eux
tous les actes d'hostilité en vertu de l'état
de guerre.

§. VI. Pour ce qui est des étrangers,
ceux qui, lorsque la guerre est commencée,
vont, le sçachant, dans le pays de notre
ennemi, peuvent avec justice être regardés
comme nos ennemis, & être traités comme tels; mais pour ceux qui étoient dejà
venus dans le pays ennemi avant la guerre,
la justice & l'humanité veulent qu'on leur
accorde quelque tems pour se retirer; que
s'ils n'en veulent pas profiter, on se trouve
par là autorisé à les traiter comme nos ennemis même.

§. VII. 2°. A l'égard des vieillards,
des femmes & des enfans, il est certain
que le droit de la guerre n'exige pas par
lui-même que l'on pousse les hostilités
jusqu'à les tuer, & que par conséquent
c'est une pure cruauté d'en user ainsi;

je dis que le but de la guerre n'exige pas cela par lui-même ; car si les femmes par exemple, exercent elles - mêmes des actes d'hostilités, si oubliant la foiblesse de leur sexe, elles prennent les armes contre l'ennemi, alors on est sans contredit en droit de se servir contr'elles de celui que donne la guerre ; disons encore que lorsque le feu de l'action emporte le Soldat comme malgré lui, & nonobstant les ordres des Supérieurs, à commettre ces actes d'inhumanité, comme par exemple, à la prise d'une ville, qui par sa résistance a irrité les troupes, alors on doit plutôt regarder ces maux - là comme des malheurs & comme des suites inévitables de la guerre, que comme des crimes punissables.

§. VIII. 3°. Il faut à peu près raisonner de la même manière sur les prisonniers de guerre ; on ne sçauroit pour l'ordinaire les faire mourir sans se rendre coupable de cruauté ; je dis pour l'ordinaire, car il peut se rencontrer des cas de nécessité si pressans, que le soin de notre propre conservation nous oblige à nous porter à des extrémités, qui hors de ces circonstances, seroient tout - à - fait criminelles.

§. IX. En général, les loix même de la guerre demandent que l'on s'abstienne du carnage autant qu'il est possible, & que l'on ne répande pas du sang sans nécessité ; l'on ne doit donc pas directement & de propos délibéré ôter la vie, ni aux prisonniers de guerre, ni à ceux qui demandent quartier, ni à ceux qui se rendent, moins encore aux vieillards, aux femmes & aux enfans, & en général à aucun de ceux qui ne sont ni d'un âge ni d'une profession à porter les armes, & qui n'ont d'autre part à la guerre que de se trouver dans le pays ou dans le parti ennemi. L'on comprend bien encore que les droits de la guerre ne s'étendent pas jusqu'à autoriser les outrages faits à l'honneur des femmes ; car cela ne fait rien ni à notre défense, ni à notre sûreté, ni au maintien de nos droits, & ne peut servir qu'à satisfaire la brutalité du Soldat : on fera bien de consulter sur cette matière GROTIUS (1).

§. X. Mais dans les cas où il est permis d'ôter la vie à l'ennemi, peut-on se servir pour cela de toutes sortes de

______

(1) *Livre III. Chap. II.*

moyens indifféremment? Je réponds qu'à considérer la chose en elle-même & d'une manière abstraite, il n'importe de quelle manière on ôte la vie à un ennemi, que ce soit de vive force, ou par ruse & par stratagème, par le fer ou par le poison.

§. XI. Cependant il est certain que suivant les idées & les coûtumes reçues chez les peuples civilisés, on regarde comme une lâcheté criminelle, non seulement de faire donner à l'ennemi quelque breuvage mortel, mais encore d'empoisonner les puits, les sources, les fontaines, les fléches, les dards, les bales, & les autres choses dont on se sert contre lui : or il suffit que cet usage de regarder ces moyens comme criminels soit reçu chez les Nations avec lesquelles on a quelque chose à démêler, pour que l'on soit censé s'y soumettre, lorsqu'en commençant la guerre on ne déclare point qu'on veut avoir la liberté d'en user. autrement, & la laisser en même tems à son ennemi.

§. XII. L'on peut supposer avec d'autant plus de fondement cette convention tacite, que l'humanité & l'intérêt des

deux parties la demandent également,
sur tout depuis que les guerres sont devenues si fréquentes, qu'elles sont si souvent
entreprises pour de légers sujets, & que
l'esprit humain ingénieux à inventer les
moyens de nuire, a si fort multiplié ceux
qui sont autorisés par l'usage, & regardés
comme honnêtes. Il est d'ailleurs incontestable que quand on peut venir au même but, par des moyens plus doux & plus
humains, & qui conservent la vie à plusieurs personnes, & en particulier à celles
dont la conservation intéresse particulièrement la société humaine, l'humanité veut
que l'on suive cette route.

§. XIII. Ce sont donc là de justes précautions que les hommes doivent suivre
pour leur propre avantage : il est de l'a-
vantage commun du genre humain que
les périls ne s'augmentent pas à l'infini ;
en particulier la Société y est intéressée
par rapport à la conservation de la vie
des Rois, des Généraux d'armées & d'autres personnes considérables, du salut
desquelles dépend pour l'ordinaire celui
des Sociétés ; car si la vie de ces personnes est plus en sûreté que celles des
autres, quand on ne l'attaque que par

les armes, elles ont d'un autre côté beaucoup plus à craindre du poison, &c. & elles
seroient tous les jours exposés à périr de
cette manière, si un usage bien établi ne
les mettoit à couvert de ce côté-là.

§. XIV. Ajoutons enfin que toutes les
Nations qui se sont piquées de justice &
de générosité, ont toujours suivi ces maximes ; & les Consuls Romains, dans une
lettre qu'ils écrivirent à *Pirrhus*, disoient,
*qu'il étoit de l'intérêt commun de toutes les
Nations qu'on ne donnât point de tels exemples.*

§. XV. On demande encore si l'on peut
légitimement faire assassiner un ennemi ?
Je réponds, 1°. que celui qui se sert
pour cela du ministère de quelqu'un des
siens, le peut en toute justice. Lorsqu'on peut tuer un ennemi, il n'importe
que ceux qu'on emploie pour cela soient
en grand ou en petit nombre : six cens La-
cédémoniens étant entrés avec LEONIDAS
dans le camp de l'ennemi, allèrent droit
à la tente du Roi de Perse : or ils auroient pu sans doute le faire, quoiqu'ils
eussent été en plus petit nombre. L'entreprise fameuse de MUCIUS SCÆVOLA est
louée par tous ceux qui en ont parlé.

& PORSENNA lui-même, celui à qui on vouloit ôter la vie, ne trouve rien que de beau dans ce deſſein.

§. XVI. 2°. Mais il n'eſt pas ſi aiſé de déterminer ſi l'on peut pour cela employer des aſſaſſins, qui en ſe chargeant de cette commiſſion, commettent eux mêmes un acte de perfidie, comme ſont des Sujets par rapport à leur Souverain, des Soldats par rapport à leur Général, à cet égard, il ſemble qu'il faut d'abord diſtinguer ici deux queſtions différentes, l'une ſi l'on fait du tort à l'ennemi même contre lequel on ſe ſert de traitres ; l'autre ſi ſuppoſé qu'on ne lui faſſe aucun tort, on commet néanmoins une mauvaiſe action.

§. XVII. 3°. Pour la première queſtion, à conſidérer la choſe en elle-même & ſuivant le droit rigoureux de la guerre, il ſemble qu'en ſuppoſant la guerre juſte on ne fait aucun tort à l'ennemi, ſoit qu'on profite de l'occaſion d'un traître qui vient s'offrir de lui-même, ſoit qu'on la recherche ſoi-même & qu'on ſe la procure.

§. XVIII. L'état de guerre où l'ennemi s'eſt mis, & où il ne tenoit qu'à lui de ne pas se mettre, donne par lui-même toute permission contre lui, ensorte qu'il n'a aucun lieu de se plaindre, quoi qu'on fasse. D'ailleurs on n'est pas plus obligé, à parler à la rigueur, de respecter le droit qu'un ennemi a sur ses Sujets, & la fidélité qu'ils lui doivent en cette qualité, que leurs biens & leurs vies, dont on peut incontestablement les dépouiller par droit de guerre.

§. XIX. 4°. Cependant je crois que cela ne suffit pas pour rendre un assassinat fait dans ces circonstances tout-a-fait innocent. Un Souverain qui aura la conscience tant soit peu délicate, & qui sera bien convaincu de la justice de ses armes, n'ira point chercher de voïes de trahison pour vaincre son ennemi, & n'embrassera pas facilement celles qui se présenteront d'elles-mêmes. La juste confiance qu'il aura dans la protection du Ciel, l'horreur pour la perfidie d'autrui, la crainte de s'en rendre complice & de donner un mauvais exemple, qui pourroit retomber sur lui-même & sur les autres, lui feront mépriser & rejeter tous les avantages qu'il pourroit se promettre de tels moyens.

§. XX.

§. XX. 5°. Ajoûtons encore, que de tels moyens ne sçauroient toujours être regardés comme une chose entiérement innocente par rapport à celui qui les met en usage : l'état d'hostilité qui dispense du commerce des bons offices, & qui autorise à nuire, ne rompt pas pour cela tout lien d'humanité, & n'empêche point qu'on ne doive, autant qu'on le peut, éviter de donner lieu à quelque mauvaise action de l'ennemi ou de quelqu'un des siens, sur-tout de ceux qui par eux mêmes n'ont eu aucune part à ce qui fait le sujet de la guerre : or, tout traître commet sans contredit une action également honteuse & criminelle.

§. XXI. 6°. Il faut donc dire avec Grotius, qu'on ne peut jamais en conscience séduire ou solliciter à la trahison les sujets de l'ennemi, puisque c'est les porter positivement & directement à commettre un crime abominable, & auquel sans cela ils n'auroient peut-être jamais pensé d'eux-mêmes.

§. XXII. 7°. Autre chose est quand on ne fait que profiter de l'occasion & des dispositions que l'on voit dans une personne qui n'a pas eu besoin d'être

follicitée à la trahifon ; or il me femble
que la tache de la perfidie ne tombe pas
fur celui qui la trouve toute formée dans
le cœur du traître ; fur tout fi l'on côfi-
dére que d'ennemi à ennemi, la chofe
à l'égard de laquelle on met à profit les
mauvaifes difpofitions d'autrui, eft de telle
nature qu'on peut la faire innocemment &
légitimement foi-même.

§. XXIII. 8°. Mais quoi qu'il en foit,
par les raifons que l'on a alléguées ci-
deffus ; on ne peut guères fe prévaloir
d'une trahifon qui s'offre, que dans un cas
extraordinaire, & dans une efpéce de néceffité ; & quoique l'ufage de plufieurs
Nations n'ait rien d'obligatoire par lui-
même, cependant dès-là que les peuples
avec qui on a quelque chofe à démêler,
regardent comme illicite l'acceptation même
des offres d'une certaine efpéce de perfidie,
comme celle d'affaffiner fon Prince ou fon
Général ; on eft raifonnablement cenfé s'y
foumettre tacitement.

§. XXIV. 9°. Remarquons que le
droit des gens met ici quelque différence
entre un ennemi véritablement tel, & un
rebelle, un chef de brigands ou de Corfaires ; les Princes les plus pieux ne font

point de difficulté de propofer de grandes
récompenfes à ceux qui voudront etabl.
de telles perfonnes, & la haine que méritent de la part de tous les hommes ces
fortes de gens, fait qu'on ne trouve pas
mauvais qu'un Prince mette en ufage contre
eux toutes fortes de voies.

§. XXV. Enfin, il eft permis de tuer
l'ennemi par-tout où il fe trouve, excepté
fur les terres d'un peuple neutre; car les
voies de fait ne font pas permifes dans
une fociété civile, où l'on doit implorer
le fecours du Souverain. Dans le tems de
la feconde guerre Punique, fept galeres
des Carthaginois étant dans un port de la
domination de Syphax, alors Prince neutre entre les Romains & les Carthaginois,
Scipion tira vers ce même port avec deux
galeres feulement, que les Carthaginois
auroient pu aifément défaire, avant qu'elles entraffent dans le port, & ils s'y dif-
pofoient effectivement; mais un coup de
vent ayant jetté les deux galeres Romaines
dans le port, fans donner le tems aux Carthaginois de lever l'ancre, ils n'oferent
plus remuer, parce qu'ils étoient en pays
neutre.

§. XXVI. Il eft naturel de dire ici

quelque chofe des prifonniers de guerre.
C'étoit un ufage prefque univerfellement
établi autrefois, que tous ceux qui étoient
pris dans une guerre jufte & folemnelle,
foit qu'ils fe fuffent rendus eux-mêmes,
ou qu'ils euffent été pris de vive force,
devenoient efclaves du moment qu'ils
étoient conduits dans quelque lieu de la
dépendance du vainqueur, ou dont il étoit
le maître ; & cela s'étendoit à tous ceux
qui étoient pris, même à ceux qui fe trou-
voient malheureufement fur les terres de
l'ennemi dans le tems que la guerre s'étoit
élevée tout d'un coup.

§. XXVII. Bien plus, non feulement
ceux qui étoient faits prifonniers de guerre,
mais encore leurs defcendans à perpétuité étoient réduits à la même condition,
c'eft-à-dire, ceux qui naiffoient d'une mere
efclave.

§. XXVIII. Les effets d'un tel efcla-
vage n'avoient point de bornes, tout étoit
permis à un maître à l'égard de fon efclave,
il avoit fur lui droit de vie & de mort, &
tout ce que l'efclave poffédoit ou pouvoit
acquérir dans la fuite, appartenoit de droit
au maître.

§. XXIX. Il y a quelque apparence

que le but & la raison pour laquelle les
Nations avoient établi cet usage de faire
des esclaves dans la guerre, étoit principalement de porter les hommes à s'abstenir
du carnage, par l'espérance des avantages
qu'on retiroit de la possession des esclaves;
aussi les Historiens remarquent-ils, que les
guerres civiles étoient beaucoup plus cruel-
les que les autres, en ce que le plus souvent on tuoit les prisonniers, parce qu'on
n'en pouvoit pas faire des esclaves.

§. XXX. Tous les Chrétiens généralement ont trouvé à propos d'abolir entre
eux l'usage de rendre esclaves les prisonniers de guerre : on se contente aujour-
d'hui de garder les prisonniers, jusqu'à ce
qu'on ait payé leur rançon, dont l'esti-
mation dépend du vainqueur, à moins qu'il
n'y ait quelque convention qui la fixe.
Voilà ce qu'il y a de plus essentiel à remarquer touchant les droits que donne la
guerre sur les personnes des ennemis.

CHAPITRE VII.

Des Droits que donne la Guerre sur les Biens des Ennemis.

§. I. A L'égard des biens de l'ennemi, il est incontestable que l'état de guerre permet de les lui enlever, de les ravager, de les endommager, & même de les détruire entiérement. Car comme le remarque fort bien CICERON, il n'est du tout point contraire à la nature de dépouiller de son bien une personne à qui l'on peut ôter la vie avec justice, & toutes ces sortes de maux que l'on peut causer à l'ennemi en ravageant ainsi ses terres & ses biens, c'est ce qu'on appelle le Dégat.

§. II. Ce droit de dégat s'étend en général sur toutes les choses qui appartiennent à l'ennemi ; & le droit des gens, proprement ainsi nommé, n'en excepte pas même les choses sacrées, c'est-à-dire, celles qui sont consacrées au vrai Dieu, ou aux fausses Divinités, dont les hommes font l'objet de leur culte religieux.

§. III. Il est vrai qu'à cet égard les mœurs & les coûtumes des Nations ne s'accordent pas parfaitement ; les unes s'étant permis le dégât des choses sacrées & religieuses, & les autres l'ayant envisagé comme une profanation criminelle : mais quels que puissent être l'usage & les mœurs des Nations, c'est ce qui ne sçauroit jamais faire la régle primitive du droit ; c'est pourquoi pour s'assurer du droit que donne la guerre à cet égard, il faut recourir aux principes du droit de la nature & des gens.

§. IV. Je remarque donc que les choses sacrées ne sont pas dans le fond d'une nature différente des autres choses, que l'on appelle profanes : elles ne différent de celles-ci, que par la destination que les hommes en ont faite pour servir au culte de la Religion : mais cette destination ne donne pas aux choses la qualité de saintes & de sacrées, comme un caractère intrinséque & ineffaçable, dont personne ne puisse les dépouiller.

§. V. Ces choses ainsi consacrées, appartiennent toujours au Public ou au Souverain, & rien n'empêche que le Souverain qui les a destinées au culte religieux, ne

changé dans la fuite cette deftination &
ne les applique à d'autres ufages ; car elles
font de fon domaine, ainfi que toutes les
autres chofes publiques.

§. VI. C'eft donc une fuperftition grof-
fière que de croire que par la confécration
ou deftination de ces chofes au fervice de
Dieu, elles changent, pour ainfi dire, de
maître, & qu'elles n'appartiennent pas aux
hommes ; qu'elles foient tout-à-fait & ab-
folument fouftraites du commerce, & que
la propriété en paffe des hommes à Dieu :
fuperftition dangereufe qui doit fon origine à l'efprit ambitieux des Miniftres de
la Religion.

§. VII. Il faut donc confidérer les chofes
facrées, comme des chofes publiques qui
appartiennent à l'Etat ou au Souverain.
Toute la liberté que donne le droit de la
guerre fur les chofes qui appartiennent à
l'Etat, elle la donne auffi par rapport aux
chofes facrées : elles peuvent donc être
endommagées ou détruites par l'ennemi,
du moins autant que le demande le but
légitime de la guerre ; mais cette modification, cette limitation que nous mettrons
au dégât des chofes facrées ou religieufes
ne leur eft pas particulière.

§. VIII. En général, il est évident qu'il n'est pas permis de faire le degât pour le degât même ; mais qu'il n'est juste & innocent que lorsqu'il peut avoir quelque rapport à la fin de la guerre, c'est-à-dire, lorsqu'il nous en revient à nous-mêmes quelque avantage direct en nous appropriant le bien des ennemis, ou que du moins en les ravageant & les détruisant, nous l'affoiblissons en quelque manière. Ce seroit une fureur également insensée & criminelle que de faire du mal à autrui, sans qu'il nous en revînt à nous-mêmes aucun bien ni directement ni indirectement : il n'arrive guéres, par exemple, qu'il soit nécessaire après la prise d'une ville de ruiner les temples, les statues ou les autres bâtimens publics ou particuliers : il faut donc pour l'ordinaire les épargner aussi-bien que les tombeaux & les sépulchres.

§. IX. Disons même que par rapport aux choses sacrées, ceux qui croient qu'elles renferment quelque chose de divin & d'inviolable, font mal, à la vérité, d'y toucher en aucune manière : mais c'est seulement parce qu'ils agissent contre leur propre conscience. Enfin on peut remarquer encore une autre raison qui pouvoit justifier les Payens du reproche de sacrilége, lors même qu'ils pilloient les temples des Dieux qu'ils reconnoissoient pour tels : c'est qu'ils s'imaginoient que lorsqu'une ville venoit à être prise, les Dieux qu'on y adore abandonnoient en même tems leurs Temples & leurs Autels, sur tout après qu'ils les avoient *évoqués*, eux & toutes les choses sacrées, avec certaines cérémonies : c'est ce qu'a fort bien développé feu M. COCCEIUS dans sa dissertation *de evocatione Sacrorum*.

§. X. Ajoûtons enfin sur cette matière, les sages réfléxions que fait GROTIUS pour engager les Généraux d'armées à garder à l'égard du dégât, une juste modération par le fruit qui peut leur en revenir à eux-mêmes : & premièrement, dit-il, "on ôtera "par-là à l'ennemi une des plus puissantes "armes, je veux dire, le desespoir. De "plus, en usant de la modération dont il "s'agit, on donne lieu de croire que l'on "a grande espérance de remporter la vic-"toire, & la clémence par elle-même est "très-propre à dompter & à gagner les "esprits : c'est ce que l'on pourroit prou-"ver par plusieurs faits considérables.

§. XI. Outre le pouvoir que donne la guerre de gâter & de détruire les biens de l'ennemi, elle donne encore le droit d'acquérir, de s'approprier & de retenir en confcience les chofes que l'on a prifes fur l'ennemi, jufqu'à la concurrence de la fomme qui nous eft dûe, y compris les frais de la guerre à laquelle l'ennemi nous a engagés pour n'avoir pas voulu nous fatisfaire, & même ce que l'on juge à propos de garder comme une fureté pour l'avenir.

§. XII. Selon les régles du droit des gens, non feulement ceux qui ont pris les armes pour un jufte fujet, mais encore tous ceux qui font la guerre, acquièrent la propriété de ce qu'ils prennent à l'ennemi, & cela fans régle ni mefure, du moins quant aux effets extérieurs dont le droit de propriété eft accompagné : c'eft-à-dire, que les Nations neutres doivent regarder les deux parties qui font en guerre, comme propriétaires légitimes de ce qu'ils peuvent acquérir l'un fur l'autre par la force des armes. L'état même de neutralité ne leur permettant pas de prendre parti, & de traiter l'un ou l'autre de ceux qui font en guerre comme un ufurpateur, felon les principes que nous avons établis ci-deffus.

§. XIII. Cela eft vrai généralement, tant à l'égard des chofes mobiliaires que des immeubles, pendant qu'elles font entre les mains de celui qui les a acquifes par droit de guerre ; mais fi des mains du vainqueur elles font déja paffées entre les mains d'un tiers, rien n'empêche, fi ce font des immeubles, que celui fur lequel elles ont été prifes no tâche de les revendiquer fur ce tiers qui les tient de fon ennemi à quelque titre que ce foit ; car il a autant de droit contre le nouveau poffeffeur, que contre fon ennemi même.

§. XIV. J'ai dit ; *fi ce font des immeubles :* car pour ce qui eft des chofes mobiliaires, comme elles peuvent paffer aifément par le commerce entre les mains des fujets d'un Etat neutre, fans que ceux qui les acquièrent fçachent fouvent que ce font des chofes prifes à la guerre, la tranquillité des peuples, le bien du commerce & l'état même de neutralité, demandent qu'elles foient toujours réputées de bonne prife, & appartenir de plein droit à celui de qui on les tient ; mais il n'en eft pas de même des immeubles, ils font immobiles de leur nature , & ceux à qui un Etat qui les a pris sur son ennemi , veut les céder , ne peuvent pas ignorer la manière dont il les possède.

§. XV. On demande quand est-ce que les choses prises par droit de guerre , sont censées véritablement prises & appartenir à celui qui s'en est mis en possession ? GROTIUS répond en Jurisconsulte , qu'on est censé avoir pris par droit de guerre les choses mobiliaires , du moment qu'elles sont à couvert de la poursuite de l'ennemi , ou qu'on s'en est rendu maître de telle manière , que l'ennemi à qui on les a enlevées doive vraisemblablement avoir perdu l'espérance de les recouvrer. C'est ainsi , dit-il , que les vaisseaux & les autres choses dont l'on s'empare sur mer , ne sont censées prises que lorsqu'on les a amenées dans quelque port ou quelque havre de notre dépendance , ou bien dans l'endroit de la mer où se tient une flotte entière que l'on y a envoyée ; car ce n'est qu'alors que l'ennemi commence à désespérer de les recouvrer.

§. XVI. Mais pour moi , il me semble que cette manière de répondre à la question est tout-à-fait arbitraire , & qu'elle

n'a aucun fondement naturel. Je ne vois
pas pourquoi les prises qu'une des parties
a faites sur l'autre, ne lui appartiennent pas
du moment même qu'il les a faites : car
enfin, un ennemi se trouve dans toutes les
circonstances nécessaires pour acquérir la
propriété dans le moment même de la
capture : il a l'intention d'acquérir une
cause ou un titre d'acquisition juste, sçavoir, le droit de la guerre, & il possède
actuellement la chose : & si le principe que
suppose GROTIUS avoit lieu & que les
choses prises sur l'ennemi ne fussent censées bien prises, que lorsqu'elles sont trans-
portées en lieu de sureté, il s'ensuivroit
que le butin qu'une petite troupe de soldats auroit fait sur l'ennemi, pourroit lui
être enlevé par une troupe plus forte du
même parti, comme appartenant encore
à l'ennemi sur qui il a été fait, supposé
que cette seconde troupe attaquât la première avant que celle-ci eût transporté son
butin en lieu de sureté.

§. XVII. Cette dernière circonstance est
donc tout-à-fait indifférente à la question
dont il s'agit : la difficulté plus ou moins
grande que peut rencontrer l'ennemi dépouillé à recouvrer ce qu'on lui a enlevé,

n'empêche point que ce qui a été pris n'appartienne actuellement au vainqueur. Tout ennemi comme tel & tant qu'il demeure tel, conserve toujours la volonté de recouvrer ce que l'autre lui a pris : l'impuissance où il se trouve pour l'heure ne fait que le réduire à la nécessité d'attendre un temps plus favorable, qu'il cherche & qu'il souhaite toujours. Ainsi par rapport à lui, la chose ne doit pas être plus censée prise lorsqu'elle est en lieu de sûreté, que quand il est encore en état de la poursuivre. Tout ce qu'il y a, c'est que dans ce dernier cas la possession du vainqueur n'est pas aussi assurée que dans le premier ; & la vérité est que cette distinction n'a été inventée que pour établir les régles du droit de *Postliminie*, ou la manière dont les sujets de l'Etat à qui l'on a pris quelque chose dans la guerre, rentrent dans leurs droits, plutôt que pour déterminer le tems de l'acquisition des choses prises d'ennemi à ennemi.

§. XVIII. Voilà ce qu'il me semble que le droit naturel décide sur cette question. GROTIUS remarque encore, que par l'usage établi de son tems entre les peuples de l'Europe, il suffit que ces choses

ayant été vingt-quatre heures au pouvoir
de celui qui les a prises sur l'ennemi, pour
qu'elles soient censées lui appartenir. M.
De Thou, dans son histoire sur l'année
1595, nous donne un exemple que cela se
pratiquoit ainsi sur terre. La ville de Liere
en Brabant, ayant été prise & reprise dans
le même jour, le butin fait sur les habitans leur fut rendu, parce qu'il n'avoit pas
été vingt-quatre heures entre les mains des
ennemis. Mais cette régle fut changée
ensuite par rapport aux Provinces-unies ;
& en général on peut remarquer, que chaque Souverain peut établir là-dessus telle
régle qu'il juge à propos, & faire à ce
sujet des concordats avec les autres Souverains : il y en a eu plusieurs faits à différens tems, entre les Hollandois & les
Espagnols, les Portugais & les Etats du
Nord.

§. XIX. Grotius applique aussi ces
principes aux terres : elles ne sont pas censées prises du moment qu'on les occupe ;
mais il faut pour cela qu'elles soient en-
vironnées de fortifications durables, ensorte que l'ennemi ne puisse y entrer ouvertement qu'en forçant ces retranchemens.
Mais on peut appliquer à ce cas-ci les
réflexions

réflexions que nous avons faites ci-dessus.
Un Terrein appartient à l'ennemi dès qu'il
en est le maître, & aussi long-tems qu'il en
demeure en possession, le plus ou le moins
de précautions qu'il peut prendre pour s'en
assurer ne fait rien à cela.

§. XX. Mais quoi qu'il en soit, il faut
bien remarquer ici que pendant tout le
tems de la guerre, le droit qu'on acquiert
sur les choses dont on a dépouillé l'ennemi, n'est valable que par rapport à un
tiers neutre; car l'ennemi lui-même peut
reprendre ce qu'il a perdu toutes les fois
qu'il en trouve le moyen, jusqu'à ce que
par un traité de paix, il ait renoncé à
toutes ses prétentions.

§. XXI. Il est certain encore, que pour
pouvoir s'approprier une chose par droit
de guerre, il faut qu'elle appartienne à
l'ennemi; car celles qui appartiennent à
des gens qui ne sont ni ses sujets, ni
animés du même esprit que lui contre
nous, ne sçauroient être prises par droit
de guerre, encore même qu'elles se trouvent sur les terres de l'ennemi; mais si
des étrangers neutres fournissoient à notre
ennemi quelque chose, & cela à dessein
de le mettre en état de nous nuire, ils

peuvent alors être regardés comme étant du parti de notre ennemi, & par conséquent leurs effets sont sujets à être pris par droit de guerre.

§. XXII. Il faut pourtant remarquer à ce sujet que dans le doute, la présomption est toujours, que ce que l'on trouve en pays ennemi ou dans un de ses vaisseaux, est censé lui appartenir ; car outre que cette présomption est très-naturelle, si la maxime contraire avoit lieu, elle fourniroit l'occasion à une infinité de fraudes ; mais cette présomption, quelque raisonnable qu'elle soit en elle-même, peut être détruite par des preuves contraires.

§. XXIII. Les vaisseaux appartenans à des amis ne sont pas non plus de bonne prise, à cause de quelques effets des ennemis qui s'y trouvent, à moins qu'ils n'y ayent été mis par le consentement du maître du vaisseau, qui par là semble violer la neutralité ou l'amitié, & nous donner un juste droit de le traiter comme ennemi.

§. XXIV. Mais il faut en général remarquer sur toutes ces questions, qu'il est de la prudence & de la sagesse des Souverains de s'entendre entr'eux sur ces différens cas par des concordats précis, afin d'éviter les difputes. qui en peuvent naître.

§. XXV. Remarquons encore que c'eft une conféquence des principes que nous venons d'établir, que quand on a pris fur l'ennemi des chofes dont il avoit dépouillé lui-même quelqu'autre par droit de guerre, l'ancien poffeffeur qui les a ainfi perdues ne peut point les réclamer entre nos mains.

§. XXVI. Une autre queftion que l'on fait ici, c'eft de fçavoir, fi les chofes prifes dans une guerre publique & folemnelle, appartiennent à l'Etat ou aux particuliers qui en font membres, ou à ceux qui en ont fait eux-mêmes le butin ? Je réponds, que comme c'eft au Souverain feul qu'appartient le droit de faire la guerre, & que c'eft toujours par fon autorité qu'elle fe fait, c'eft auffi à lui qu'eft acquis originairement & premièrement tout le butin, qui que ce foit qui le faffe.

§. XXVII. Cependant, comme il n'y a point de citoyen à qui la guerre ne foit onéreufe, il eft de l'équité & de l'humanité du Souverain de faire enforte que chacun fe reffente des avantages qui en peuvent revenir : pour cet effet, ou l'on peut donner à ceux que l'on fait marcher en campagne, une paye de deniers publics, ou partager entr'eux le butin : pour ce qui est des troupes étrangères, le Souverain n'est tenu que de leur payer exactement leur solde; ce qui est au delà est pure libéralité.

§. XXVIII. GROTIUS qui examine fort au long cette question, distingue les actes d'hostilité véritablement publics, & les actes particuliers d'hostilité faits d'autorité privée à l'occasion d'une geurre publique. Par les derniers, selon lui, les particuliers acquièrent pour eux-mêmes premièrement & directement, ce qu'ils prennent sur l'ennemi ; au lieu que par les premiers tout ce que l'on prend est au profit du Peuple ou du Souverain. Mais on a eu raison de critiquer cette décision ; toute guerre publique se faisant par autorité du peuple ou du chef du peuple, c'est de lui aussi que vient originairement tout le droit que des particuliers peuvent avoir sur les choses prises à l'ennemi : il faut toujours ici un consentement ou exprès ou tacite du Souverain.

§. XXIX. Remarquons encore sur cette question, que GROTIUS en la traitant a

confondu deux choſes différentes. La première dont il s'agit, ne ſe rapporte point
au droit des gens proprement ainſi nommé ; car de quelque manière qu'on entende
ce droit, & ſur quoi qu'on le fonde, il
doit regarder les affaires que les peuples ont
à démêler enſemble ; or que le butin appartienne au Souverain qui fait la guerre, ou
aux Généraux d'armées, ou aux ſoldats,
ou à toute autre perſonne qui a pris quelque choſe ſur l'ennemi, cela ne fait rien,
ni à l'ennemi même ni aux autres peuples.
Si ce qui eſt pris eſt de bonne priſe, il
importe fort peu à l'ennemi entre les mains
de qui il demeure. Pour ce qui eſt des peuples neutres, il ſuffit que ceux d'entr'eux
qui ont acheté ou acquis de quelque autre
manière une choſe mobiliaire acquiſe à la
guerre, ne puiſſent point être inquiétés ou
recherchés là-deſſus. La vérité eſt que les
réglemens & les uſages qu'il y a ſur ce ſujet, ne ſont point de droit public, & leur
conformité, dans pluſieurs pays, n'emporte autre choſe qu'un droit civil commun à
pluſieurs peuples ſéparément.

§. XXV. Pour ce qui regarde en particulier l'acquiſition des *choſes incorporelles*
par droit de guerre, il faut remarquer

qu'on n'en devient maître que quand on
eſt en poſſeſſion du ſujet même auquel elles
ſont attachées ; or elles accompagnent ou
les choſes ou les perſonnes. On attache
ſouvent, par exemple, aux fonds de terres,
aux rivières, aux ports, aux villes, certains droits qui les ſuivent toujours à quelques poſſeſſeurs qu'elles parviennent, ou
plutôt ceux qui les poſſédent, ont par cela
ſeul certains droits ſur d'autres choſes ou
ſur d'autres perſonnes.

§. XXXI. Les droits qui conviennent
directement & immédiatement à une perſonne, regardent ou d'autres perſonnes ou
ſeulement certaines choſes : ceux qu'une
perſonne a ſur une autre perſonne, ne s'acquièrent que par le conſentement de celle-
ci, qui eſt cenſée n'avoir voulu donner
pouvoir ſur elle qu'à une certaine perſonné
déterminée & non à une autre ; ainſi lorſqu'on a pris le Roi du peuple avec qui on
eſt en guerre, on n'eſt pas pour cela ſeul
maître de ſon Royaume.

§. XXXII. Mais à l'égard des droits
perſonnels ſur les choſes, il ne ſuffit pas
de s'être ſaiſi do la perſonne de l'ennemi
pour avoir acquis tous ſes biens, à moins
qu'on ne s'empare en effet de ces biens

mêmes dans l'occasion. On peut voir là-dessus l'exemple que donne Grotius & Puffendorf, de la donation que fit Alexandre le Grand aux Thessaliens, après avoir détruit la ville de Thébes, d'un contrat par lequel les Thessaliens reconnoissent devoir aux Thébains cent talens.

§. XXXIII. Tels sont les droits que donne la guerre sur les biens de l'ennemi. Au reste, Grotius prétend que le droit en vertu duquel on acquiert les choses prises sur l'ennemi, est tellement propre & particulier aux guerres publiques faites dans les formes, qu'il n'a aucun lieu dans les autres, comme dans les guerres civiles, &c. & qu'en particulier dans les guerres civiles, il ne fait aucun changement de maître qu'en vertu de la sentence d'un Juge.

§. XXXIV. Mais on peut remarquer là-dessus, que dans la plûpart des guerres civiles on ne reconnoît point de Juge commun. Si l'Etat est monarchique, la dispute roule ou sur la succession à la Couronne, ou sur ce qu'une partie de l'Etat prétend que le Roi a abusé de son pouvoir d'une manière qui autorise les sujets à prendre les armes contre lui.

§. XXXV. Au premier cas, la nature même du sujet pour lequel on en est venu à la guerre, fait que les deux parties forment alors comme deux corps distincts, jusqu'à ce qu'ils viennent à convenir d'un chef par quelque traité ; ainsi, par rapport aux deux partis qui étoient en guerre, c'est d'un tel traité que dépend le droit que l'on peut avoir sur ce qui a été pris de part & d'autre, & rien n'empêche que la chose ne soit laissée sur le même pied, & de la même manière qu'elle a lieu dans les guerres publiques, entre deux Etats toujours distincts.

§. XXXVI. Pour les autres peuples qui n'avoient point été mêlés dans la guerre, ils ne font plus autorisés à examiner la validité des acquisitions, que lorsqu'il s'agit d'une guerre faite entre deux Etats.

§. XXXVII. L'autre cas, je veux dire le soulèvement d'une partie considérable de l'Etat contre le Prince régnant, ne peut guères arriver que quand un Roi y a donné lieu par sa tyrannie ou par la violation des loix fondamentales ; ainsi le Gouvernement est alors dissous, & le corps se trouve actuellement divisé en deux corps distincts & indépendans, de sorte qu'il faut en juger de même que du premier.

§. XXXVIII. A plus forte raison, cela a-t-il lieu dans les guerres civiles d'un Etat républicain, où la guerre détruit d'abord par elle-même la Souveraineté, qui ne subsiste que par l'union du corps.

§. XXXIX. GROTIUS semble avoir pris ses idées là-dessus de l'ancien droit Romain ; mais le droit Romain vouloit que les prisonniers faits dans une guerre civile ne pussent point être réduits à l'esclavage. C'est, comme le remarque le Jurisconsulte ULPIEN, (1) parce que l'on regardoit la guerre civile comme n'étant pas proprement une guerre, mais une *Dissension civile* ; car une véritable guerre se fait entre ceux qui sont ennemis & animés d'un esprit ennemi, qui les porte à chercher la ruine de l'Etat l'un de l'autre ; au lieu que dans une guerre civile, quelque nuisible qu'elle soit le plus souvent à l'Etat, l'un veut se sauver d'une manière & l'autre d'une autre ; ainsi ils ne sont point ennemis, chacun des deux

______

(1) L. 21. §. 1. ff. de Capt. & revers.

parris demeure toujours citoyen de l'Etat ainſi diviſé.

§. XL. Mais tout cela eſt une pure ſuppoſition, ou une *fiction de Droit*, qui n'empêche pas que tout ce que nous avons dit ne ſoit vrai, & n'ait lieu le plus ſouvent ; & ſi parmi les Romains on ne pouvoit s'approprier comme véritablement eſclaves, les priſonniers faits dans une guerre civile, c'étoit en vertu d'une loi particulière reçue parmi eux, & non pas à cauſe du défaut des conditions ou des formalités que demande, ſelon GROTIUS, une guerre publique & ſolemnelle ſelon le droit des gens.

§. XLI. Enfin, pour ce qui eſt des guerres des brigands & des corſaires, ſi elles ne ſont pas ſuivies des effets dont nous avons parlé, ſi elles ne donnent pas à ces corſaires le droit de s'approprier ce qu'ils ont pris, c'eſt parce que ce ſont des voleurs, des ennemis du genre humain, & par conſéquent des gens dont tous les actes d'hoſtilité ſont manifeſtement injuſtes, ce qui autoriſe toutes les Nations à les traiter en ennemis ; au lieu que dans les autres ſortes de guerres, il eſt ſouvent aſſez difficile de juger de quel côté eſt le bon droit, de ſorte que la choſe demeure & doit demeurer indéciſe par rapport à ceux qui n'ont pris aucun parti.

CHAPITRE VIII.

Du Droit de Souveraineté que l'on acquiert ſur les vaincus.

§. I. OUTRE tous les effets de la guerre dont nous avons parlé juſqu'ici, il y en a encore un qui eſt le plus conſidérable, & dont il nous reſte à traiter ; je veux dire le droit de Souveraineté que l'on acquiert ſur les vaincus. Nous avons dejà fait cette remarque ci-devant, en expliquant les différentes manières dont on peut acquerir la Souveraineté, c'eſt qu'en général on peut l'acquerir ou d'une manière violente & par droit de conquête, &c.

§. II. Mais il faut bien prendre garde que la guerre ou la conquête, conſidérée en elle-même, n'eſt pas proprement la cauſe de cette acquiſition, elle n'eſt pas la ſource ou l'origine immédiate de la

Souveraineté, c'est toujours le consentement du peuple, ou exprès, ou tacite; sans ce consentement l'état de guerre subsiste toujours, & on ne sçauroit concevoir comment on pourroit être dans l'obligation d'obéir à celui à qui on n'a rien promis : la guerre n'est donc à proprement parler, que l'occasion de l'acquisition de la Souveraineté, & les vaincus aiment mieux se soumettre au vainqueur, que s'exposer à une entière destruction.

§. III. D'ailleurs l'acquisition de la Souveraineté par droit de conquête, ne peut, à parler à la rigueur, passer pour légitime, à moins que la guerre ne soit juste en elle-même, & que le but légitime que l'on se propose, n'autorise le vainqueur à pousser les actes d'hostilités jusqu'à acquerir la Souveraineté sur les vaincus; c'est-à-dire qu'il faut que notre ennemi n'ait pas d'autre moyen de s'acquitter envers nous de ce qu'il nous doit, de nous dédommager, ou que notre propre sûreté exige que nous le réduisions absolument dans notre dépendance. Dans ces circonstances, il est certain que la résistance d'un ennemi vaincu autorise à

pousser les actes d'hostilité contre lui, jusqu'à ce qu'il soit entièrement réduit sous
notre puissance, & que l'on peut sans injustice profiter de la supériorité que donne
la victoire, pour lui extorquer un consentement qu'il nous devroit donner volontiers & de lui-même.

§. IV. Tels sont les véritables principes
sur lesquels est établie l'acquisition de la
Souveraineté par droit de conquête, d'où
l'on peut conclurre que si l'on jugeoit sur
ces fondemens des différentes acquisitions
de cette nature, la plûpart ne se trouve-
roient pas trop bien établies ; car il est
encore assez rare que les vaincus soient
effectivement réduits à cette extrémité, que
de ne pouvoir dédommager ou satisfaire
aux justes prétentions du vainqueur autrement qu'en se donnant à lui & se soumet-
tant à son empire.

§. V. Disons néanmoins que l'intérêt
& la tranquillité des peuples, exigent
que l'on s'éloigne un peu de la rigueur des
principes que nous venons d'établir ; à la
vérité si celui qui a contraint l'autre par
la supériorité de ses armes à se soumettre à son empire, avoit entrepris une
guerre manifestement injuste, ou si le

prétexte fur lequel elle eft fondée, eft un prétexte vifiblement frivole au jugement de toute perfonne tant foit peu raifonnable, j'avoue qu'une Souveraineté acquife dans ces circonftances me paroîtroit vifiblement injufte, & je ne vois pas pourquoi le peuple vaincu feroit plus obligé de tenir un pareil traité, qu'un homme qui, après être tombé entre les mains des brigands, feroit tenu de leur aller porter exactement, ou de payer à leur requifition, l'argent qu'il leur auroit promis pour racheter fa vie ou fa liberté.

§. VI. Mais fi le vainqueur avoit entrepris la guerre pour quelque fujet apparent, quoique peut-être dans le fond il ne fût pas jufte à toute rigueur, l'intérêt commun du genre humain demande que l'on obferve exactement les engagemens où l'on eft entré envers lui, quoiqu'extorqués par une crainte qui étoit injufte en elle-même, du moins auffi longtems qu'il ne furvient pas de nouveau fujet qui puiffe valablement exempter de tenir fa promeffe: car le droit de nature qui veut que les Sociétés, auffi bien que les Particuliers, travaillent à leur confervation, fait par cela feul regarder, non pas comme proprement juftes les actes d'hoftilité de la part d'un vainqueur in-jufte, mais l'engagement d'un traité ex-près ou tacite, comme ne laiffant pas que d'être néanmoins valide; enforte que le vaincu ne peut fe difpenfer de le tenir, fous prétexte de la crainte injufte qui en eft la caufe, comme il le pourroit d'ail-leurs, fans la confidération de l'avantage qui en revient au genre humain.

§. VII. Ces confidérations deviennent encore plus fortes, fi l'on fuppofe que le vainqueur ou les fiens jouiffent paifible-ment de la Souveraineté qu'il a acquife par droit de conquête, & que d'ailleurs il gou-verne les peuples vaincus comme un vain-queur humain & généreux. Dans ces cir-conftances une longue poffeffion, accom-pagnée d'un gouvernement équitable, peut légitimer la conquête la plus injufte dans fes commencemens & dans fon prin-cipe.

§. VIII. Quelques Jurifconfultes mo-dernes expliquent la chofe un peu autre-ment : ils foutiennent que dans une guerre jufte, le vainqueur acquiert fur les vain-cus un plein droit de Souveraineté par le droit feul de la victoire, indépendam-

ment d'aucune convention , & cela encore
même que le vainqueur ait d'ailleurs obtenu toute la satisfaction , & tout le dédommagement qu'il pouvoit desirer.

§. I X. La principale raison dont ces
Docteurs se servent pour prouver leur sentiment, c'est que sans cela le vainqueur ne
pourroit pas être assuré de posséder sure-
ment & paisiblement ce qu'il a pris , ou
qu'il a forcé l'ennemi de lui donner pour
ses justes prétentions , puisque les vaincus
po   oient le reprendre par le même droit
de   erre.

§. X. Mais cette raison prouve seulement
que le vainqueur qui s'est emparé du pays
de l'ennemi , peut y commander pendant
qu'il le tient, & ne s'en désaisir que quand
il a pardevers lui de bonnes suretés, qu'il
obtiendra ou qu'il possédera sans crainte,
ce qui est nécessaire pour la satisfaction &
pour les dédommagemens qu'il a droit
d'exiger par les voies de la force ; mais le
but d'une guerre juste ne demande pas
toujours par lui-même, qu'on acquière sur
les vaincus & en vertu de la victoire un
droit de Souveraineté absolue & perpétuelle ; c'est seulement une occasion favorable de l'acquerir , & il faut toujours pour
cela

cela un confentement, ou exprès ou tacite
des vaincus ? autrement, l'état de guerre
fubfiftant encore, la Souveraineté du vainqueur n'a d'autre titre que la force, & ne
dure qu'auffi long-temps que les peuples
conquis font dans l'impuiffance de fecouer
le joug.

§. XI. Tout ce qu'il y a, c'eft que les
Puiffances neutres, par cela même qu'elles
le font, peuvent & doivent regarder le
conquérant comme légitime poffeffeur de
la Souveraineté, quand même elles croi-
roient la guerre injufte de fa part.

§. XII. La Souveraineté ainfi acquife
par droit de guerre ou de conquête, eft
pour l'ordinaire une Souveraineté abfolue;
mais quelquefois auffi les vaincus ftipulent
du vainqueur, des conditions qui mettent
quelques limites à la Souveraineté qu'il
acquiert fur eux. Quoi qu'il en foit, il eft
certain que la conquête n'autorife jamais
à gouverner tyranniquement les peuples
conquis, puifque, comme nous l'avons vu
ci-devant, la Souveraineté la plus abfolue
ne donne aucun droit de maltraiter ceux
qui fe font rendus; & la nature même
de la chofe, & les loix naturelles confpi-
rent également à mettre le vainqueur dans

l'obligation de gouverner ceux qu'il a subjugués, avec modération & d'une manière équitable.

§. XIII. Il y a donc divers ménagemens, dont on doit user dans l'exercice de l'empire que l'on acquiert sur les vaincus : telle étoit, par exemple, cette sage modération des anciens Romains qui confondoient, pour ainsi dire, les vaincus avec les vainqueurs, en se hâtant de les incorporer avec eux, & de leur faire part de leur liberté & de leurs avantages. Politique doublement salutaire, qui en même tems qu'elle rendoit plus douce la condition des vaincus, affermissoit considérablement la domination & l'empire des Romains : *Quel empire aurions - nous aujord'hui, disoit* SENEQUE, *si les vaincus n'eussent été mêlés avec les vainqueurs par l'effet d'une sage politique ? Romulus notre fondateur fut bien sage à l'égard de la plûpart des Peuples qu'il subjugua, de faire dans un même jour des citoyens de ses ennemis.*

§. XIV. Une autre modération dans la victoire, consiste à laisser aux Rois ou aux Peuples vaincus la Souveraineté dont ils jouissoient, & à ne point changer la forme de leur Gouvernement : rien ne

peut mieux aſſurer au vainqueur ſa conquête ; l'Hiſtoire ancienne, & ſur-tout
celle des Romains, nous en fournit pluſieurs
exemples.

§. XV. Mais ſi le vainqueur ne peut
pas, ſans danger pour lui-même, accorder toutes ces douceurs aux vaincus, on
peut prendre alors différens tempéramens,
comme de laiſſer aux vaincus ou à leurs
Rois, quelque partie de la Souveraineté.
Lors même que l'on dépouille entiérement les vaincus de leur Souveraineté,
on peut encore leur laiſſer, pour ce qui
regarde leurs affaires particuliéres & les
publiques de peu d'importance, leurs Loix,
leurs Coûtumes & leurs Magiſtrats.

§. XVI. Il faut ſur-tout ne point ôter
aux vaincus l'exercice libre de leur Religion, à moins qu'ils ne vinſſent à être
perſuadés de la vérité de celle dont le
vainqueur fait profeſſion : non ſeulement
cette complaiſance eſt par elle-même très-
agréable aux vaincus, mais le vainqueur
eſt abſolument obligé de l'avoir pour eux ;
il ne ſçauroit les violenter à cet égard
ſans tyrannie. Ce n'eſt pas que le vainqueur ne doive tâcher d'amener les peuples vaincus à la vraie Religion ; mais

il ne doit employer pour cela que des moyens proportionnés à la nature de la chofe, & au but, qu'il a en vue, & qui n'ayent en eux-mêmes rien de violent & de contraire à l'humanité.

§. XVII. Remarquons enfin, que ce n'eſt pas feulement l'humanité qui veut que l'on obſerve tout ce que nous venons de dire à l'égard des peuples que l'on a fubjugués; mais encore la prudence & l'intérêt même du vainqueur le demandent ainſi; c'eſt une maxime importante de la politique, qu'il eſt plus difficile de garder les Provinces que de les conquérir. Les conquêtes ne demandent que la force, mais il n'y a que la juſtice qui les conferve. Voilà ce qu'il y avoit de principal à remarquer fur les différens effets de la guerre; & fur les queſtions les plus effentielles qui y ont rapport; mais comme nous avons eu déja occaſion de parler ci-devant de la neutralité, il ne fera pas hors de propos d'en dire ici quelque chofe de plus précis.

De la Neutralité.

§. I. Il y a une *Neutralité générale*, & une *Neutralité particulière*. La neutra-

lité générale, c'eſt lorſque ſans être allié
d'aucun des deux ennemis qui ſont en
guerre, on eſt tout diſpoſé à rendre également à l'un & à l'autre les devoirs auſ-
quels chaque peuple eſt naturellement tenu envers les autres.

§. II. La neutralité particulière, c'eſt
lorſqu'on s'eſt particulièrement engagé à
être neutre par quelque convention ou
expreſſe ou tacite.

§. III. La dernière ſorte de neutralité
eſt ou pleine & entière, lorſque l'on agit
également à tous égards envers l'une &
l'autre partie, ou limitée, enſorte que
l'on favoriſe une partie plus que l'autre,
à l'égard de certaines choſes ou de certaines actions.

§. IV. On ne ſçauroit légitimement
contraindre perſonne à entrer dans une
neutralité particulière, parce qu'il eſt libre
à chacun de faire ou de ne pas faire des
traités ou des alliances, ou qu'on ne peut
du moins y être tenu qu'en vertu d'une
obligation imparfaite ; mais celui qui a
entrepris une guerre juſte, peut obliger
les autres peuples de garder exactement la
neutralité générale, c'eſt-à-dire à ne pas
favoriſer ſon ennemi plus que lui-même.

§. V. Voici donc à quoi se réduisent les devoirs des peuples neutres : ils sont obligés de pratiquer également envers l'un & l'autre de ceux qui se font la guerre, les loix du droit naturel, tant absolues que conditionnelles, & soit qu'elles imposent une obligation parfaite ou seulement imparfaite.

§. VI. S'ils rendent à l'un d'eux quelque service d'humanité, ils ne doivent pas le refuser à l'autre, à moins qu'il n'y ait quelque raison manifeste qui les engage à faire en faveur de l'un quelque chose que l'autre n'auroit d'ailleurs aucun droit d'exiger.

§. VII. Mais ils ne sont tenus à rendre les services d'humanité à aucune des deux parties, lorsqu'ils s'exposeroient à de grands dangers en les refusant à l'autre qui a autant de droit de les exiger.

§. VIII. Ils ne doivent fournir ni à l'un ni à l'autre les choses qui servent à exercer les actes d'hostilité, à moins qu'ils n'y soient autorisés par quelque engagement particulier, & pour celles qui ne sont d'aucun usage à la guerre, si on les fournit à l'un, il faut aussi les fournir à l'autre.

§. IX. Ils doivent travailler de tout leur possible à faire ensorte qu'on en vienne à un accommodement que la partie lésée obtienne satisfaction, & que la guerre finisse au plûtôt.

§. X. Que s'ils se sont engagés en particulier à quelque chose, ils doivent l'exécuter ponctuellement.

§. XI. D'autre côté, il faut que ceux qui sont en guerre observent exactement envers les peuples neutres, les loix de la sociabilité, qu'ils n'exercent contre eux aucun acte d'hostilité, & qu'ils ne souffrent pas qu'on les pille ou qu'on ravage leur pays.

§. XII. Ils peuvent pourtant dans une extrème nécessité s'emparer d'une place située en pays neutre, bien entendu qu'aussi-tôt que le péril sera passé, on la rendra à son maître, en lui payant le dommage qu'il en aura reçu.

CHAPITRE IX.

Des Traités publics en général.

§. I. LA matière des traités publics fait une partie considérable du droit des gens, & mérite que l'on en développe les principes & les régles avec quelque exactitude. Nous entendons ici par les traités publics, les conventions qui ne peuvent être faites qu'en vertu d'une autorité publique, ou que les Souverains considérés comme tels font les uns avec les autres, sur des choses qui intéressent directement le bien de l'Etat; c'est ce qui distingue ces conventions, non seulement de celles que les particuliers font entr'eux, mais encore des contrats que les Rois font au sujet de leurs affaires particulières.

§. II. Ce que nous avons remarqué ci-devant sur la nécessité qu'il y avoit d'introduire l'usage des conventions entre les hommes, & les avantages qui leur en reviennent, tout cela trouve son application à l'égard des Nations & des différens Etats : les Nations peuvent, au moyen des traités, s'unir ensemble par une société plus particuliere, qui leur assure réciproquement des secours utiles, soit pour les besoins & les commodités de la vie, soit pour pourvoir d'une maniere efficace à leur sureté en cas de guerre.

§. III. Cela étant, les Souverains ne sont pas moins obligés que les particuliers, de tenir inviolablement leur parole, &, d'être fidéles à leurs engagemens. Le droit des gens fait de cette maxime un devoir indispensable; car il est aisé de sentir, que sans cela, non seulement les traités publics ne seroient d'aucune utilité aux nations, mais que d'ailleurs leur violation les jetteroit dans un état de défiance & de guerre continuelle, c'est-à-dire, dans l'état le plus fâcheux. L'obligation où sont les Souverains à cet égard, est donc d'autant plus forte, que la violation de ce devoir a des suites plus dangereuses, & qui intéressent le bonheur d'une infinité de particuliers. La sainteté du serment, qui accompagne pour l'ordinaire les traités publics, est encore une nouvelle raison pour engager les Princes à les observer avec la derniere fidélité.

& certainement rien n'est plus honteux
pour les Souverains, qui puniſſent ſi rigou-
reuſement ceux de leurs ſujets qui man-
quent à leurs engagemens, que de ſe
jouer eux-mêmes dés traités & de la bonne
foi, & de ne les regarder que comme un
moyen de ſe duper les uns les autres.

La Parole royale doit donc être inviolable & ſacrée; mais il y a tout lieu de
craindre, que ſi les Princes ne ſont pas
plus attentifs là-deſſus, bientôt cette ex-
preſſion ne dégénère dans un ſens tout
oppoſé, & de la même manière qu'an-
ciennement, † la *Bonne-foi Carthaginoiſe*
ſe prenoit pour la *Perfidie.*

§. IV. Il faut encore remarquer ici
que tous les principes que nous avons
établis ci-devant ſur la validité ou l'inva-
lidité des conventions en général, conviennent aux traités publics auſſi bien
qu'aux contrats des particuliers; il faut
donc dans les uns comme dans les autres, un conſentement ſérieux, déclaré
convenablement, exempt *d'erreur,* de *dol,*
de *violence.*

§. V. Si des Traités faits dans ces cir-

† *Publica Fides.*

constances, sont obligatoires entre les Etats ou les Souverains qui les ont faits, ils le sont aussi par rapport aux sujets de chaque Prince en particulier, ils sont obligatoires comme conventions entre les Puissances contractantes ; mais ils ont force de loi à l'égard des sujets considérés comme tels, & il est bien manifeste que deux Souverains qui font ensemble un traité, imposent par là à leurs sujets l'obligation d'agir d'une manière conforme au traité, & de ne rien faire qui y soit contraire.

§. VI. L'on fait plusieurs distinctions des traités publics. Et 1°. il y en a qui roulent simplement sur des choses ausquelles on étoit déja obligé par le droit naturel, & d'autres par lesquelles on s'engage à quelque chose de plus.

§. VII. Il faut mettre au premier rang tous les traités par lesquels on s'engage purement & simplement à ne point se faire du mal les uns aux autres, & à se rendre au contraire les devoirs de l'humanité. Parmi les peuples civilisés qui font profession de suivre les loix naturelles, ces sortes de traités ne sont pas nécessaires : le seul devoir suffit sans un engagement

formel ; mais chez les Anciens, ces fortes
de traités étoient regardés comme néces-
faires, l'opinion commune étant que l'on
n'étoit tenu d'obferver les loix de l'humanité, qu'envers fes Concitoyens, & que
l'on pouvoit regarder & traiter les étrangers fur le pied d'ennemis, à moins que
l'on n'eût pris avec eux quelque engagement contraire ; c'eft de quoi l'on trouve
plufieurs preuves dans les Hiftoriens. La
profeffion de brigand ou de pirate n'avoit
rien de honteux chez plufieurs nations, &
le mot *hoftis* dont on fe fervoit en latin,
pour dire un ennemi, ne fignifioit au
commencement qu'un étranger.

§. VIII. L'on rapporte à la feconde
claffe tous les traités par lefquels deux
Peuples entrent l'un à l'égard de l'autre
dans quelque obligation nouvelle, ou
plus particulière, comme lorfqu'ils s'engagent formellement à des chofes aufquelles ils n'étoient tenus qu'en vertu
d'une obligation imparfaite, ou même
aufquelles ils n'étoient nullement obligés
auparavant.

§. IX. 1°. Les Traités par lefquels
on s'engage à quelque chofe de plus qu'à
ce qui étoit dû en vertu du droit naturel

commun à tous les hommes, font encore
de deux fortes, fçavoir, ou *égaux* ou
inégaux.

3°. Et les uns & les autres fe font encore,
ou pendant la guerre ou en pleine paix.

§. X. Les traités égaux font ceux que
l'on contracte avec une entière égalité de
part & d'autre : c'eſt-à-dire, dans leſquels
non-ſeulement on promet de part & d'autre des choſes égales, ou purement & ſimplement, ou à proportion des forces de
chacun des contractants, mais on s'y engage encore ſur le même pied ; enforte que
l'une des parties ne ſe reconnoît inférieure
à l'autre en quoi que ce ſoit.

§. XI. Ces fortes de traités ſe font, ou
en vue du *Commerce*, ou de la *Guerre*, ou
d'autres choſes ; à l'égard du commerce,
par exemple, en ſtipulant que les Sujets
de part & d'autre ſeront francs de tous impôts & de tous droits d'entrée & de fortie,
ou qu'on n'exigera jamais d'eux davantage
que des gens même du pays, &c. Dans
les alliances égales qui concernent la guerre, on ſtipule, par exemple, que chacun
fournira à l'autre une égale quantité de
troupes, de vaiſſeaux ou d'autres choſes ;
& cela ou dans toutes fortes de guerres,

tant offensives que défensives , ou dans les défensives seulement , &c. Enfin les alliances d'égalité peuvent encore rouler sur d'autres choses , comme lorsqu'on s'engage à n'avoir point de place forte sur les frontieres l'un de l'autre , à ne point accorder de protection ou donner retraite aux Sujets l'un de l'autre , en cas de crime ou de desobéissance , ou même les faire saisir & à les renvoyer , à ne point donner passage aux ennemis l'un de l'autre.

§. XII. Ce que l'on vient de dire fait assez comprendre ce que c'est que les traités inégaux, dans lesquels ce que l'on promet de part & d'autre n'est pas égal , ou bien qui rendent l'un des alliés inférieur à l'autre. L'inégalité des choses stipulées est tantôt du côté de la Puissance la plus considérable , comme si elle promet du secours à l'autre , sans en stipuler aucun de lui , ou du côté de la Puissance inférieure en dignité , comme lorsqu'elle s'engage à faire en faveur de la Puissance supérieure , plus que celle-ci ne promet de son côté.

§. XIII. Toutes les conditions des alliances inégales ne sont pas de même na-

ture; les unes font telles, que quoiqu'onéreufes à l'allié inférieur , elles laiffent
pourtant la Souveraineté dans fon entier ;
d'autres , au contraire , donnent quelque
atteinte à l'indépendance & à la fouverai-
neté de l'allié inférieur , & la diminuent
en quelque chofe.

Ainfi dans le traité des Romains avec
les Carthaginois , après la feconde guerre
punique , il étoit porté que les Carthaginois ne pourroient faire la guerre à perfonne , ni au dedans ni au dehors de l'Afri-
que , fans le confentement du peuple Romain , ce qui tout évidemment donnoit
atteinte à la Souveraineté de Carthage , &
la mettoit fous la dépendance de Rome.

Mais la Souveraineté de l'allié inférieur
demeure en fon entier , quoiqu'il s'engage ,
par exemple , à payer l'armée de l'autre , à
lui rembourfer les frais de la guerre , à
rafer les fortifications de quelque place , à
donner des ôtages , à tenir pour amis ou
pour ennemis tous les amis ou ennemis de
l'autre , à n'avoir point de places fortes à
certains endroits , à ne point faire voile en
certaines mers , à reconnoître la préémi-
nence de l'autre , & à lui témoigner dans
l'occafion quelque déférence , &c.

§. XIV. Cependant, quoique ces conditions & d'autres semblables ne donnent point atteinte à la Souveraineté, il faut convenir que ces sortes de traités d'inégalité ont souvent beaucoup de délicatesse, & que si le Prince qui est au-dessus de l'autre en dignité, le surpasse aussi beaucoup en force & en puissance, il est à craindre que le premier n'acquière peu à peu une autorité & une domination proprement ainsi nommée, sur tout si le traité est perpétuel.

§. XV. 4°. L'on fait encore une autre division des traités publics, c'est qu'il y en a de *réels* & de *personnels*. Les traités personnels sont ceux que l'on fait avec un Roi considéré personnellement, ensorte que le traité expire avec lui. Les traités réels sont au contraire ceux où l'on ne traite pas tant avec le Roi ou avec les chefs du peuple, qu'avec tout le corps de l'Etat, & qui par conséquent subsistent après la mort de ceux qui les ont faits & obligent leurs successeurs.

§. XVI. Pour sçavoir à présent à laquelle de ces deux classes il faut rapporter tel ou tel traité, voici les principales régles que l'on peut établir.

1°. Il faut d'abord faire attention à la teneur même du traité ; à ses clauses & aux vues que se sont proposées les parties contractantes. *Utrùm autem in rem, an in personam pactum factum est, non minùs ex verbis, quàm ex mente convenientium æstimandum est* (1). Ainsi, s'il y a une clause expresse que le traité est fait à perpétuité, ou pour un certain nombre d'années, ou pour le bien de l'Etat, ou avec le Roi, pour lui & ses successeurs, on voit assez par là que le traité est réel.

2°. Tout traité fait avec une République est réel de sa nature, parce que le sujet avec lequel on contracte, est une chose permanente.

3°. Encore même que le Gouvernement vienne à être changé de républicain en monarchique ; le traité ne laisse pas de subsister ; parce que le corps est toujours le même, il a seulement un autre chef.

4°. Il faut pourtant faire ici une exception ; c'est lorsqu'il paroît que la constitution du Gouvernement républicain a été la véritable & le fondement du traité, comme si deux Républiques avoient con-

____

(1) *Leg.* 7. *ff. de Pactis.*

tracté une alliance pour la conservation de leur Gouvernement & de leur liberté.

5°. Dans un doute, tout traité public fait avec un Roi doit être tenu pour réel, parce que dans le doute un Roi est censé agir comme chef de l'Etat & pour le bien de l'Etat.

6°. D'où il s'ensuit que comme après le changement du Gouvernement démocratique en monarchique, un traité ne laisse pas de subsister avec le nouveau Roi; de même si le Gouvernement devient républicain de monarchique qu'il étoit, le traité fait avec le Roi n'expire pas pour cela, à moins qu'il ne fût manifestement personnel.

7°. Tout traité de paix est réel de sa nature, & doit être gardé par les successeurs; car aussi-tôt que l'on a exécuté ponctuellement les conditions du traité, la paix efface entièrement les injures qui avoient allumé la guerre, & rétabli les Nations dans l'état où elles doivent être naturellement.

8°. Si l'une des parties ayant déja exécuté quelque chose à quoi elle étoit tenue par le traité, l'autre vient de mourir avant que d'avoir exécuté de son côté ses engagemens, le fucceſſeur du Roi défunt eſt obligé ou de dédommager entièrement l'autre partie de ce qu'elle a fait ou donné, ou d'exécuter lui-même ce à quoi ſon prédéceſſeur s'étoit engagé.

9°. Que s'il n'y a encore rien d'exécuté de part ni d'autre, ou ſi ce qui a été fait de part & d'autre eſt égal, alors ſi le traité tend directement à l'avantage perſonnel du Roi ou de ſa famille, il eſt clair qu'auſſi-tôt qu'il vient à mourir ou que la famille eſt éteinte, le traité finit de lui-même.

10°. Enfin il faut remarquer qu'il a comme paſſé en coutume, que les fucceſſeurs doivent renouveller du moins en termes généraux, les traités manifeſtement reconnus pour réels, afin qu'ils ſoient plus fortement obligés à les obſerver, & qu'ils ne s'en croient pas diſpenſés, ſous prétexte qu'ils ont d'autres idées touchant les intérêts de l'Etat, que celles qu'avoient leurs prédéceſſeurs.

§. XVII. L'on fait encore cette queſtion, ſçavoir, s'il eſt permis de faire des traités & des alliances avec ceux qui ne profeſſent pas la véritable Religion ? Je réponds que par le droit de nature, il n'y

a point de difficulté là-dessus. Le droit de
faire des traités est commun à tous les
hommes, & n'a rien d'opposé aux principes de la vraie Religion, qui bien loin
de condamner la prudence & l'humanité, recommande fortement l'une &
l'autre (1).

§. XVIII. Pour bien juger des causes
qui mettent fin aux traités publics, il ne
faut que faire attention aux régles de conventions en général.

1°. Ainsi un traité conclu pour un certain temps, expire au bout du terme dont
on est convenu.

2°. Un traité expiré n'est point censé
tacitement renouvellé ; car une nouvelle
obligation ne se présume pas aisément.

3°. Lors donc qu'après le terme expiré
on exerce encore quelques actes qui pa-
roissent conformes aux engagemens du
traité précédent, ils doivent passer plutôt
pour de simples marques d'amitié & de
bienveillance, que pour un renouvellement tacite du traité.

4°. A quoi pourtant il faut mettre

(1) Voyez Grotius, D. de la G. & de la P. Liv.
II. Chap. XV. §. 8, 9, 10, 11, 12.

cette exception, à moins que les choses que
l'on a faites depuis l'expiration du traité ne
puissent souffrir d'autre interprétation que
celle d'un renouvellement tacite de la convention précédente. Par exemple, si un
allié s'est engagé à donner à l'autre une certaine somme par an, & qu'après le terme
de l'alliance expirée on fasse le payement
de la même somme pour l'année suivante,
l'alliance se renouvelle par là tacitement
pour cette année.

5°. C'est une suite de la nature de toutes
les conventions en général, que si l'une
des parties viole les engagemens dans lesquels elle étoit entrée par le traité, l'autre
est dispensée de tenir les siens, & peut les
regarder comme rompus ; car pour l'ordinaire tous les articles d'un traité ont force
de condition, dont le défaut le rend nul.

6°. Cela est ainsi pour l'ordinaire, c'est-
à-dire, au cas que l'on ne soit pas convenu autrement ; car on met quelquefois
cette clause, que la violation de quelqu'un
des articles du traité ne le rompra pas entièrement, afin que l'une des parties ne puisse
pas se dédire de ses engagemens pour la
moindre offense, bien entendu que celui
qui par le fait de l'autre, souffre quelque

dommage, doit être indemnisé de manière ou d'autre.

§. XIX. Il n'y a que le Souverain qui puisse faire des alliances & des traités, ou par lui-même ou par ses Officiers & ses Ministres. Les traités faits par les Ministres, n'obligent le Souverain & l'Etat que lorsque les Ministres ont été duement autorisés, & qu'ils n'ont rien fait que conformément à leurs ordres & à leur pouvoir. Il faut remarquer à ce sujet que chez les Romains on appelloit *Fœdus, pacte public, convention solemnelle*, un traité fait par ordre de la Puissance souveraine, ou qui avoit été ratifié ; mais lorsque des personnes publiques avoient promis sans ordre de la Puissance souveraine quelque chose qui intéressoit le Souverain, c'est ce qu'on appelloit *Sponsio*, une *simple promesse*.

§. XX. En général, il est certain que lorsque des Ministres font sans ordre de leur Souverain quelque traité concernant les affaires publiques, le Souverain n'est pas obligé de le tenir, & même le Ministre qui a traité sans ordre peut être puni suivant l'exigence du cas : cependant il peut y avoir des circonstances dans lesquelles un Souverain est tenu ou par les régles de la prudence, ou même par celles de la justice & de l'équité, à ratifier un traité, quoique fait & conclu sans ordre.

§. XXI. Lorsqu'un Souverain vient à être informé d'un traité conclu par un de ses Ministres sans son ordre, son *silence* seul n'emporte pas une *ratification*, à moins qu'il ne soit d'ailleurs accompagné de quelqu'acte, ou de quelqu'autre circonstance qui ne puisse vraisemblablement souffrir d'autre explication ; & à plus forte raison, si l'accord n'a été fait que sous cette condition que le Souverain le ratifiât, il n'est valable & obligatoire que lorsque le Souverain l'a ratifié d'une manière formelle & expresse.

CHAPITRE X.

Des conventions que l'on fait avec un Ennemi.

§. 1. ENTRE les conventions publiques, celles qui supposent *l'état de guerre* & que l'on fait avec un ennemi, méritent une attention particulière : il y en a de deux sortes, les unes qui laissent *subsister l'état de guerre*, & qui ne font que tempérer les actes d'hostilité, les autres qui les font *cesser entièrement*. Mais avant que de traiter des unes & des autres, il faut dire quelque chose en général sur la validité de ces conventions.

Si l'on doit garder la foi entre Ennemi.

§. II. Cette question est sans doute une des plus belles & des plus importantes du droit des gens. GROTIUS & PUFFENDORF ne sont pas d'accord sur cette matière. Le premier soutient généralement que toutes les conventions que l'on fait avec un ennemi, doivent être gardées avec une fidélité inviolable : mais PUFFENDORF trouve là dessus quelque difficulté, à l'égard de ses conventions qui laissent subsister l'état de guerre. Tâchons d'établir des principes au moyen desquels on puisse se déterminer sûrement sur ces deux opinions.

§. III. Je remarque 1°. que quoique la guerre détruise par elle-même l'état de Société entre deux Nations, il ne faut pas conclure de là que la guerre ne soit assujettie à aucune loi ; & que tout droit & toute obligation cessent absolument entre deux ennemis.

2. Au contraire, tout le monde convient qu'il y a un droit de la guerre, obligatoire par lui-même entre ennemis, & de l'observation duquel ils ne sçauroient se dispenser, sans manquer à leur devoir : c'est ce que nous avons prouvé nous-mêmes ci-devant, soit en faisant voir qu'il y a de guerres *justes* & *injustes*, & que même dans les guerres les plus justes il n'est pas permis de pousser les actes d'hostilité à l'infini, mais qu'il faut nécessairement rester dans certaines bornes, & que par conséquent il y a des choses *injustes* & *illicites*, même à l'égard d'un

ennemi. Puis donc que la guerre n'anéantit pas par elle-même toutes les loix de la Société, on ne sçauroit conclure de cela seul que deux Nations se font la guerre, qu'elles soient par cela même dispensées d'être fidéles à leur parole, & de garder les engagemens qu'elles ont pris l'une avec l'autre pendant le cours de la guerre.

3°. La guerre étant en elle-même un très-grand mal, il est de l'intérêt commun des Nations de ne pas se priver volontairement des moyens que la prudence leur présente pour en moderer les rigueurs & en adoucir les effets ; il est au contraire de leur devoir de chercher à se les procurer & à s'en assurer les effets ; autant du moins qu' cela ne peut porter aucun préjudice au but légitime de la guerre : mais il n'y a que la *foi publique* qui puisse procurer à deux ennemis, pendant qu'ils ont encore les arme à la main, le doux repos d'une trève ; c'est elle seule qui peut assurer aux villes rendues, les droits qu'elles se sont réservés. Que gagneroient les peuples, ou plutôt combien n'y auroit-il pas à perdre pour eux s'ils se croyoient autorisés à ne faire aucun cas de la parole donnée à l'ennemi, & s'ils ne considéroient les conventions faites dans ces circonſtances, que comme des moyens de ſe duper les uns les autres ? Certainement on ne ſçauroit penſer que la loi de nature puiſſe approuver des maximes auſſi manifeſtement oppoſées au bien commun du genre humain. D'ailleurs on ne doit jamais faire la guerre pour la guerre même, mais ſeulement par néceſſité, pour obtenir une ſatisfaction juſte & raiſonnable, & une bonne paix ; d'où il ſuit néceſſairement que le droit que donne la guerre d'ennemi à ennemi, ne ſçauroit aller juſqu'à rendre les guerres, éternelles à les perpétuer à l'infini , & à mettre un obſtacle invincible au rétabliſſément de la paix.

4°. C'eſt cependant ce qui arriveroit néceſſairement, ſi le droit naturel n'impoſoit pas une obligation indiſpenſable de tenir ce dont on eſt volontairement convenu avec un ennemi pendant le cours de la guerre , ſoit que ces conventions tendent ſeulement à ſuſpendre ou à modérer les actes d'hoſtilité , ſoit qu'elles ayent pour but de les faire ceſſer entièrement & de rétablir la paix.

Car enfin , il n'y a que deux voies pour parvenir à la paix ; la première eſt la deſtruction totale & entière de notre ennemi, la ſeconde eſt de faire avec lui un traité. Si donc les traités & les conventions faites entre ennemis n'étoient pas en eux-mêmes ſacrés & inviolables, il ne reſteroit d'autre moyen pour ſe procurer une paix ſolide, que de pouſſer la guerre à l'infini & à toute outrance, juſques à la deſtruction entière & totale de nos ennemis. Mais qui ne voit qu'un principe qui và néceſſairement à la deſtruction du genre humain & des ſociétes, & qui d'ailleurs n'a rien de néceſſaire, eſt directement contraire au droit de la nature & des gens, dont le grand but eſt la conſervation & le bonheur de la ſociété humaine en général, & des ſociétés civiles en particulier ?

5°. On ne ſçauroit mettre ici aucune différence entre les différens traités que l'on peut faire avec un ennemi, & l'obligation que le droit naturel impoſe de les obſerver inviolablement, regarde auſſi bien ceux qui laiſſent ſubſiſter l'état de guerre, que ceux qui tendent à rétablir la paix : il n'y a point de milieu, il faut établir pour régle générale, que toute convention avec un ennemi eſt obligatoire,

ou qu'il n'y en a aucune qui foit véritablement telle.

En effet, s'il étoit permis, par exemple, de rompre de gaieté de cœur une
trève bien conclue, d'arrêter fans raifon
des gens à qui l'on auroit donné des
paffeports, &c. quel mal y auroit-il de
tromper l'ennemi fous prétexte de parler
de paix? Quand on entre en négociation
pour ce dernier fujet, on ne ceffe pas
dès-lors d'être ennemi, ce n'eft proprement
qu'une efpèce de trève dont on convient, pour voir s'il y auroit moyen de
s'accommoder : fi les négociations n'ont
pas un heureux fuccès, ce n'eft pas une
nouvelle guerre que l'on commence, puifque les différens pour lefquels on avoit
pris les armes, n'ont point encore été terminés; on ne fait que continuer les actes
d'hoftilité que l'on avoit un peu fufpen-
dus; ainfi on ne pourroit pas plus compter fur la bonne foi de l'ennemi à l'é-
gard des conventions qui vont à rétablir
la paix, que par rapport à celles dont le
but eft feulement de fufpendre ou de modérer les actes d'hoftilité; donc les défiances feroient continuelles, les guerres fe
perpétueroient à l'infini, & on ne par-
viendroit jamais à une paix folide.

6°. Plus l'ambition & l'avarice ont rendu les guerres fréquentes, quoique non néceſſaires, plus les principes que nous venons d'établir ſont indiſpenſables pour le repos & l'intérêt du genre humain ; c'eſt donc avec raiſon que CICERON prétend qu'il y a un droit de guerre que l'on doit obſerver entre ennemis, comme encore que l'ennemi conſerve certains droits malgré la guerre (1).

Ce n'eſt pas aſſez de dire, comme fait PUFFENDORF, que l'uſage reçu parmi les Nations civiliſées a établi en faveur de la gloire des armes, pour l'honneur des guerriers & pour l'intérêt du genre humain, que l'on doit tenir pour valides toutes les conventions faites avec l'ennemi : il falloit ajouter de plus, que cela eſt indiſpenſable, que la Juſtice le veut ainſi, qu'il ne dépend nullement des Nations d'établir les choſes ſur un autre pied, & qu'elles ne peuvent ſans crime s'écarter des régles que le droit naturel leur preſcrit à cet égard pour leur avantage commun.

(1) *Eſt autem etiam Jus bellicum, fideſque jurisjurandi ſæpe cum hoſte ſervanda.* Off. Lib. IV, Cap. 29.

§. IV. Il ne sera pas difficile, au moyen des principes que nous venons d'établir, de répondre aux raisonnemens par lesquels PUFFENDORF prétend faire voir que toutes les conventions faites avec un ennemi ne sont pas obligatoires par elles-mêmes.

Nous nous contenterons de remarquer 1°. que les raisons dont il se sert ne prouvent rien, parce qu'elles prouvent trop, &c. & 2°. que tout ce que l'on en peut conclure raisonnablement, c'est que l'on doit agir avec prudence, & bien prendre ses précautions avant que de donner parole, ou d'entrer dans quelque engagement avec un ennemi, parce que les hommes sont sujets à manquer de foi pour leur propre intérêt, sur-tout lorsqu'ils ont à faire à des gens dont ils sont haïs, ou qu'ils haïssent eux-mêmes.

§. V. Mais, dira-t-on, n'est-ce pas un principe incontestable du droit naturel, que toute convention, tout traité extorqué par une violence injuste, est nul de lui-même, & que par conséquent celui qui a été forcé à le faire malgré lui, peut innocemment ne pas tenir sa parole, s'il estime qu'il puisse le faire avec sûreté.

La violence & la force ouverte font le caractère diftinctif de la guerre, & pour l'ordinaire c'eft le vainqueur, foit qu'il faffe une guerre jufte ou injufte, qui impofe au vaincu la néceffité de traiter avec lui, & qui le contraint par la fupériorité de fes armes à accepter les conditions qu'il lui propofe : Comment donc eft-il poffible que le droit de la nature & des gens déclare facrés & inviolables des traités faits dans ces circonftances ?

Je réponds, que quelque vrai que foit en lui-même le principe fur lequel cette objection eft fondée, on ne peut pas cependant l'appliquer dans toute fon étendue à la queftion dont il s'agit.

L'intérêt commun du genre humain demande que l'on mette ici quelque différence entre les conventions extorquées par crainte de particulier à particulier, & celles aufquelles un Prince ou un Peuple fouverain eft contraint par la fupériorité des armes d'un vainqueur, quoique ce foit en conféquence d'une guerre injufte. Le droit des gens fait donc ici une exception à la régle générale du droit naturel, qui annulle les conventions par

l'exception

l'exception d'une crainte injuſte : ou ſi l'on veut, le droit des gens tient pour juſte de part & d'autre , la crainte qui porte deux ennemis à traiter enſemble pendant le cours de la guerre : car autrement il n'y auroit aucun moyen ni d'en tempérer les fureurs , ni de la terminer entièrement , comme nous l'avons montré ci-deſſus.

§. VI. Mais pour ne rien laiſſer en arrière d'eſſentiel ſur cette queſtion , il eſt néceſſaire d'ajoûter quelques éclairciſſemens à ce que nous venons de dire.

Et premièrement , j'eſtime qu'il faut diſtinguer ici , ſi celui qui par la ſupériorité de ſes armes , a contraint ſon ennemi à traiter avec lui , avoit entrepris la guerre ſans aucun ſujet , ou s'il pouvoit en alléguer quelque raiſon ſpécieuſe. Si le vainqueur avoit entrepris la guerre pour quelque ſujet apparent , quoiqu'injuſte ou inſuffiſant dans le fond , à l'examiner à la rigueur , alors il eſt ſans contredit de l'intérêt du genre humain que le droit des gens déclare valides & obligatoires les traités conclus dans ces circonſtances , enſorte que les vaincus ne puiſſent ſe diſpenſer de les tenir, ſous prétexte de la crainte injuſte qui en eſt la cauſe.

Mais ſi l'on ſuppoſe que la guerre ait été entrepriſe ſans aucun ſujet, ou bien que le ſujet qu'on allégue ſoit manifeſtement frivole ou injuſte, comme quand un Alexandre va chercher à ſubjuguer des peuples éloignés, qui n'avoient jamais entendu parler de lui, &c. une telle guerre étant un vrai brigandage, j'avoue qu'il ne me paroît pas que le vaincu ſoit plus obligé de tenir le traité auquel on l'a contraint, que ne le ſeroit un particulier qui auroit promis à des brigands une ſomme d'argent pour racheter ſa vie ou ſa liberté.

§. VII. Diſons encore, & c'eſt ici un autre éclairciſſement néceſſaire, que même dans le cas où l'on ſuppoſeroit la guerre entrepriſe pour quelque ſujet apparent & raiſonnable, ſi le traité que le vainqueur impoſe au vaincu renferme en lui-même des conditions d'une injuſtice qui aille juſqu'à la barbarie, & qui ſoient tout-à-fait contraires à l'humanité, on ne ſçauroit dans ces circonſtances refuſer au vaincu le droit de ſe ſouſtraire à ſes engagemens, & de recommencer la guerre pour s'affranchir, s'il le peut, des conditions dures & inhumaines aufquelles on l'a voulu affujettir, en abufant de la victoire contre les droits de l'humanité. La guerre la plus jufte n'autorife pas le vainqueur à ne garder aucune mefure, aucune modération à l'égard des vaincus, & il ne fçauroit fe plaindre raifonnablement de l'infraction d'un traité dont les conditions font injuftes en elles-mêmes, & d'ailleurs pleines de barbarie & de cruauté.

§. VIII. L'Hiftoire Romaine nous fournit à ce fujet un exemple très remarquable & qu'il ne fera pas hors de propos de rapporter ici.

Les Privernates avoient été fubjugués plufieurs fois par les Romains, & ils s'étoient rebellés autant de fois: leur Ville fut enfin reprife par le Conful Plautius. Réduits à l'extrémité, ils envoyerent des Ambaffadeurs à Rome pour demander la paix. Un des Sénateurs leur ayant demandé quelle punition ils croyoient mériter: l'un d'entr'eux lui répondit, *celle que méritent ceux qui fe croyent dignes de vivre en liberté*. Alors le Conful leur demanda s'il y avoit lieu de fe promettre qu'ils obferveroient la paix, en cas qu'on leur pardonnât leur faute? *La paix fera perpétuelle entre nous*, répartit l'Ambaſſadeur, *& nous obferverons fidelement ſi les conditions que vous nous impoſez, ſont juſtes & raifonnables ; mais ſi elles ſont dures & fâcheuſes, cette paix ne fera pas de longue durée, & nous l'aurons bientôt rompue.*

. Quoique quelques-uns des Sénateurs fuſſent choqués de cette réponſe, cependant la plûpart l'approuvèrent, diſant qu'elle étoit digne d'un homme & d'un homme libre. Et reconnoiſſant quelle étoit la force des droits de l'humanité, ils s'écrierent que ceux-là ſeuls étoient dignes d'être faits citoyens de Rome, qui n'eſtimoient rien en comparaiſon de la liberté, ainſi ceux qu'on menaçoit d'abord de punition furent admis au droit de Bourgeoiſie & obtinrent les conditions qu'ils demandoient ; & les généreux refus qui firent des Privernates d'obſerver les conditions d'un traité dur & inhumain, les fit juger dignes de devenir compagnons de ceux qui étoient alors le peu de du monde le plus brave & le plus vertueux.

Concluons donc qu'il faut garder ici un juste milieu, & dire que l'on doit inviolablement observer les traités faits avec un ennemi., sans que l'exception d'une crainte injuste puisse autoriser à manquer à la foi qu'on lui a donnée, à moins que la guerre ne fût manifestement un vrai brigandage de sa part, ou que d'ailleurs les conditions qu'il nous impose ne fussent de la dernière injustice, pleines de barbarie & de cruauté.

§. IX. Enfin il y a encore un cas dans lequel on peut sans perfidie se dispenser de tenir ce qu'on a promis à l'ennemi ; c'est lorsqu'une certaine condition qu'on avoit supposée comme la base de l'engagement, vient à manquer, c'est là une suite de la nature même des conventions. C'est en conséquence de ce principe que l'infidélité de l'une des parties contractantes libère l'autre ; car dans la régle & pour l'ordinaire, tous les articles d'un même traité sont renfermés l'un dans l'autre en forme de condition, & comme si l'on avoit dit formellement : *Je ferai telle ou telle chose, pourvu que de votre côté vous fassiez ceci ou cela.* *

** Voyez ci-dessus.*

CHAPITRE XI.

Des Conventions que l'on fait avec un Ennemi pendant le cours de la Guerre.

§. I. ENTRE les conventions qui laiſſent ſubſiſter *l'état de la guerre*, une des principales, c'eſt *la Trêve.*

La trêve eſt une convention par laquelle on s'engage à ſuſpendre pour quelque tems les actes d'hoſtilité, ſans que pour cela la guerre finiſſe, mais l'état de guerre ſubſiſtant toujours.

§. II. La trêve n'eſt donc point une paix, puiſque la guerre ſubſiſte. Mais ſi l'on eſt convenu, par exemple, de certaines contributions pendant la guerre, comme on n'accorde ces contributions que pour ſe racheter des actes d'hoſtilité, elles doivent ceſſer pendant la trêve, puiſqu'alors ces actes ne ſont pas permis; & au contraire, ſi l'on a parlé de quelque choſe comme devant avoir lieu en tems de paix, l'intervalle de la trêve ne ſera point compris là-dedans.

§. III. Toute trêve laiſſant ſubſiſter

l'état de guerre, c'eft encore une conféquence, qu'après le terme expiré il n'eft pas befoin d'une nouvelle déclaration de guerre ; la raifon en eft, que ce n'eft pas une nouvelle guerre que l'on commence, c'eft la même que l'on continue.

§. I V. Ce principe que la guerre que l'on recommence après une tréve n'eft pas une nouvelle guerre, peut s'appliquer à divers autres cas. Dans un traité de paix conclu entre l'Evêque & le Prince de Trente & les Venitiens, il avoit été convenu *que chacun feroit remis en poffeffion de ce qu'il poffedoit avant la précédente & dernière guerre.*

Au commencement de cette guerre l'Evêque avoit pris un Château des Venitiens, que ceux-ci reprirent depuis. L'Evêque refufoit de le céder, fous prétexte qu'il avoit été repris après plufieurs tréves qui s'étoient faites pendant le cours de cette guerre ; la queftion devoit fe décider évidemment en faveur des Venitiens.

§. V. On peut faire des tréves de plufieurs fortes.

1°. Quelquefois pendant la tréve les armées ne laiffent pas de demeurer toujours fur pied avec tout l'appareil de la

guerre, & ces sortes de tréves sont ordinairement de courte durée ; quelquefois
aussi l'on met bas les armes & chacun
se retire chez soi, & alors elles sont de
plus longue durée.

2°. Il y a une *tréve générale* pour tous
les pays de la domination de l'un & de
l'autre peuple, & une tréve *particulière*
restreinte à certains lieux, comme par
exemple, sur mer & non pas sur terre, &c.

3°. Enfin il y a une tréve absolue,
indeterminée & générale, & une tréve
limitée & déterminée à certaines choses ;
par exemple, pour enterrer les morts : ou
bien si une Ville assiégée a obtenu une
tréve seulement pour être à l'abri de certaines attaques, ou par rapport à certains
actes d'hostilité, comme pour le ravage
de la campagne.

§. VI. Il faut remarquer encore qu'à
proprement parler, une tréve ne se fait
que par une convention expresse, & qu'il
est très-difficile d'établir une tréve sur le
fondement d'une convention tacite, à
moins que les faits ne soient tels en eux-
mêmes & dans leurs circonstances, qu'ils
ne puissent être rapportées à un autre principe, qu'à un dessein bien sincère de

suspendre pour un tems les actes d'hostilité.

Ainsi, de cela seul qu'on s'est abstenu pour quelque tems d'exercer des actes d'hostilité, l'ennemi auroit tort d'en conclure que l'on consent à une tréve.

§. VII. La nature de la tréve fait assez connoître quels en sont les effets.

1°. En général, si la tréve est générale & absolue, tout acte d'hostilité doit cesser, tant à l'égard des personnes qu'à l'égard des choses ; mais cela n'empêche pas que l'on ne puisse pendant la tréve lever de nouvelles troupes , faire des magasins, réparer des fortifications, &c. à moins qu'il n'y ait quelque convention formelle au contraire ; car ces sortes d'actes ne sont pas en eux-mêmes des actes d'hostilité, mais des précautions défensives ; & que l'on peut prendre même en pleine paix.

2°. Ce seroit aussi une chose contraire à la tréve que de s'emparer d'une place occupée par l'ennemi, en corrompant la garnison ; il est bien évident que l'on ne peut pas non plus innocemment s'emparer pendant la tréve des lieux que l'ennemi a abandonnés, mais qui lui appartiennent, soit qu'il ait cessé de les garder avant la tréve, soit après.

3°. Par conséquent, il faut rendre les choses appartenantes à l'ennemi, qui pendant la tréve sont par quelque hazard tombées entre nos mains, encore même qu'elles nous eussent appartenu auparavant,

4°. Pendant la tréve il est permis d'aller & de venir de part & d'autre, mais sans aucun train ou aucun appareil, d'où il puisse y avoir quelque chose à craindre.

§. VIII. A cette occasion on demande si ceux qui par quelque accident imprévu & insurmontable, se trouvent malheureusement sur les terres de l'ennemi après la tréve expirée, peuvent être retenus prisonniers ou si l'on doit leur accorder la liberté de se retirer: GROTIUS, & PUFFENDORF après lui, décident que l'on peut à la rigueur du droit les retenir prisonniers de guerre; mais, ajoute GROTIUS, il est sans doute plus humain & plus généreux de se relâcher d'un tel droit; pour moi, il me semble que c'est une suite du traité de tréve, que l'on laisse aller ces gens en liberté, car puisqu'en vertu de la tréve on étoit obligé de laisser aller & venir en liberté pendant tout le tems de la tréve, on doit aussi leur accorder la

même permission après la tréve: même,
s'il paroît manifestement qu'une force
majeure ou un cas imprévu les a empêchés
d'en profiter durant l'espace réglé; autrement, comme ces sortes d'accidens peuvent arriver tous les jours, une telle permission deviendroit souvent un piége pour
faire tomber bien des gens entre les mains
de l'ennemi : tels sont les principaux effets
d'une tréve absolue & générale.

§. IX. Pour ce qui est d'une tréve particulière ou déterminée à certaines choses,
ses effets sont proportionnés à la convention, & limités par la nature particulière
de l'accord.

1°. Ainsi si l'on a accordé une tréve
seulement pour enterrer les morts, on n'est
pas pour cela en droit d'entreprendre tran-
quillement quelque chose de nouveau,
qui apporte quelque changement à l'état
des choses : on ne peut, par exemple, pendant ce temps-là se retirer dans un port
plus sûr ni se retrancher, &c. car premiérement celui qui a accordé une courte
tréve pour enterrer les morts, ne l'a accordée que pour cela, & il n'y a nulle raison
de l'étendre au delà du cas dont on est
convenu ; d'où il s'ensuit que si celui à

qui on l'a accordée vouloit en profiter
pour se retrancher, par exemple, ou pour
quelqu'autre chose, l'autre seroit en droit
de l'empêcher par la voie des armes. Le
premier ne sçauroit s'en plaindre, car on
ne sçauroit prétendre raisonnablement
qu'une tréve conclue pour enterrer les
morts, & restreinte à ce seul acte, donne
droit d'entreprendre & de faire tranquil-
lement quelque autre chose : tout ce à quoi
elle oblige celui qui l'a accordée, c'est à
ne point s'opposer par la force à l'enterre-
ment des morts ; il n'est tenu à rien de
plus P cependant Puffendorf est dans
un sentiment contraire. (1)

1°. C'est en conséquence des mêmes
principes, que si l'on suppose que par la
tréve on ait seulement mis les *personnes*
à couvert des actes d'hostilité, & non
pas les *choses*, en ce cas là si pour défendre
ses biens on fait du mal aux personnes, on
n'agit point contre l'engagement de la
tréve ; car par cela même qu'on a accordé
de part & d'autre une sûreté pour les personnes, on s'est aussi réservé le droit de
défendre ses biens du dégât ou du pillage ;
ainsi la sûreté des personnes n'est point

(1) *Voyez* Droit de la nature & des gens,
L. VIII. C. 7. §. 9.

générale, mais seulement pour ceux qui vont & viennent sans dessein de rien prendre à l'ennemi avec qui on a fait cette tréve limitée.

§. X. Toute tréve oblige les parties contractantes, du moment que l'accord est fait & conclu : mais à l'égard des Sujets de part & d'autre, ils ne sont dans quelque obligation à cet égard que quand la tréve leur a été solemnellement notifiée. Il suit de là que si avant cette notification, les Sujets commettent quelque acte d'hostilité, ou font quelque chose contre la tréve, ils ne seront sujets à aucune punition ; cependant les Puissances qui auront conclu la tréve doivent dédommager ceux qui auront souffert, & rétablir les choses dans le premier état, autant que faire se pourra.

§. X I. Enfin si la tréve vient à être violée d'un côté, il est certainement libre à l'autre des parties de reprendre les armes, & de recommencer la guerre sans aucune déclaration préalable ; que si l'on est convenu d'une peine payable par celui qui violeroit la tréve, si celui-ci offre la peine, ou s'il l'avoit subie, l'autre n'est point en droit de recommencer les actes

d'hostilité avant le terme expiré , bien
entendu qu'outre la peine stipulée , la
partie lésée est en droit de demander un
dédommagement de ce qu'elle a souffert
par l'infraction de la tréve ; mais il faut
bien remarquer que les actions des particuliers ne rompent point la tréve , à moins
que le Souverain n'y ait quelque part , ou
par un ordre donné , ou par une approbation , & le Souverain est censé approuver
ce qui a été fait , s'il ne veut ni punir ni
livrer le coupable , ou s'il refuse de rendre
les choses prises pendant la suspension
d'armes.

§. XII. Les sauf-conduits sont aussi
des conventions faites entre ennemis , &
qui méritent qu'on en dise quelque chose :
on entend par-là un privilége accordé à
quelqu'un des ennemis , sans qu'il y ait
cessation d'armes , & par lequel on lui
accorde la liberté d'aller & de venir en
sureté.

§. XIII. Toutes les questions que l'on
propose sur les sauf-conduits , peuvent se
décider ou par la nature même des sauf-
conduits accordés , ou par les régles générales de la bonne interprétation.

1°. Un sauf-conduit donné pour des

gens de guerre, regarde non seulement des Officiers subalternes, mais encore ceux qui commandent en chef ; c'est l'usage naturel & ordinaire des termes qui le veut ainsi.

2°. Si l'on permet à quelqu'un d'aller dans un certain endroit, on est aussi censé lui avoir permis de s'en retourner, autrement la première permission se trouveroit souvent inutile : il pourroit cependant y avoir des cas où l'un n'emporteroit pas l'autre.

3°. Si l'on a accordé à quelqu'un la liberté de venir, il ne peut pas pour l'ordinaire envoyer quelqu'autre à sa place : & au contraire, celui qui a eu permission d'envoyer à quelqu'un ne peut pas venir lui-même, car ce sont deux choses différentes, & la permission doit naturellement être restreinte à la personne même à qui elle est accordée, car peut-être ne l'auroit-on pas accordé à un autre.

4°. Un père à qui l'on a accordé un passeport, ne peut pas mener avec lui son fils, ni un mari sa femme.

5°. Pour les valets, quoiqu'il n'en soit fait aucune mention, on présume qu'il est permis d'en mener un ou deux, ou même davantage , selon la qualité de la personne.

6⁹. Dans le doute & pour l'ordinaire, le privilege, d'un sauf-conduit ne s'éteint pas par la mort de celui qui l'a accordé ; rien n'empêche cependant qu'il ne puisse, pour de bonnes raisons, être révoqué par le successeur ; mais alors il faut que celui à qui le sauf conduit avoit été donné , soit averti de se retirer , & qu'on lui accorde le tems nécessaire pour parvenir en lieu de sûreté.

7. Un sauf-conduit accordé pour aussi long-tems qu'on voudra , emporte par lui-même une continuation du sauf conduit jusqu'à ce qu'on le révoque bien clairement ; car sans cela la volonté est censée subsister toujours la même, quelque tems qui se soit écoulé ; mais un tel sauf-conduit expire , si celui qui l'avoit donné vient à n'être plus revêtu de l'emploi en vertu duquel il l'avoit donné.

§. XIV. Le rachat des prisonniers est encore une convention qui se fait souvent sans que la guerre finisse. Les anciens Romains ne se portoient pas aisément à racheter les prisonniers : ils examinoient,

1⁰. si ceux qui avoient été pris par les ennemis,

ennemis avoient gardé les loix de la difcipline militaire, & par conféquent s'ils mé-
ritoient d'être rachetés, & le parti de la
rigueur prévaloit ordinairement, comme
le plus avantageux à la République.

§. XV. Mais en général, il eft certainement plus conforme & au bien de l'Etat &
à l'humanité de racheter les prifonniers, à
moins que l'expérience ne faffe voir qu'il eft
néceffaire d'ufer envers eux d'une grande rigueur, pour prévenir ou corriger des maux
plus grands qui fans cela feroient inévitables.

§. XVI. Un accord fait pour la rançon
d'un prifonnier ne peut être révoqué, fous
prétexte que le prifonnier fe trouve plus
riche que l'on ne l'avoit cru : car cette cir-
conftance du plus ou du moins de richeffes
du prifonnier, n'a aucune liaifon avec l'engagement ; de forte que fi l'on vouloit ré-
gler là-deffus la rançon, il falloit avoir mis
cette condition dans le traité.

§. XVII. Quand on a fait quelqu'un prifonnier de guerre, on n'acquiert la propriété
que de ce qu'on lui a pris effectivement :
ainfi l'argent ou les autres chofes qu'un
prifonnier de guerre a trouvé moyen de tenir cachées ou de dérober aux recherches
que l'on a faites, lui demeurent fans con-

tredit en pleine propriété, & par conséquent il peut s'en servir pour le prix de sa rançon. L'ennemi ne sçauroit avoir pris possession de ce dont il n'avoit aucune connoissance, & d'ailleurs le prisonnier n'est en aucune manière ténu de lui découvrir tout ce qu'il peut avoir.

§. XVIII. L'héritier d'un prisonnier de guerre est-il obligé de payer la rançon que le défunt avoit promise ?

Réponse. Si le prisonnier est mort en captivité, l'héritier ne doit rien, car la promesse du défunt supposoit son relâchement; mais s'il étoit déja relâché quand il est venu à mourir, l'héritier doit la rançon sans contredit.

§. XIX. Autre question. Un prisonnier relâché à condition d'en faire relâcher un autre pris par les siens, doit-il revenir se mettre en prison lorsque cet autre est mort avant qu'il ait obtenu son relâchement ? Je réponds que le prisonnier relâché n'est point tenu de se remettre en prison, car cela n'a point été stipulé ; mais il ne paroît pas juste non plus qu'il jouisse de la liberté en pur gain, il faut donc qu'il donne un dédommagement, ou qu'il paye la valeur du prisonnier mort à celui envers qui il s'est engagé.

CHAPITRE XII.

Des conventions faites pendant la Guerre par des Puissances subalternes, comme par des Généraux d'armée ou d'autres Officiers.

§. I. TOUT ce que nous avons dit jusqu'ici des conventions faites avec un ennemi, regarde celles qui sont faites de part & d'autre par les Puissances Souveraines ; mais comme les Souverains ne contractent pas toujours eux-mêmes, il faut voir à présent ce que l'on doit penser des traités faits par les Généraux ou par d'autres Officiers subalternes.

§. II. Pour sçavoir si ces conventions obligent le Souverain, on peut établir les principes suivans.

1°. Il est incontestable que comme toute personne peut s'engager ou par soi-même ou par autrui, le Souverain est engagé par les conventions faites par ses Ministres ou ses Officiers, en conséquence des pouvoirs & des ordres qu'il leur en a donnés formellement.

2°. Quiconque donne à quelqu'un un certain pouvoir, est raisonnablement censé lui accorder par cela même tout ce qui en est une suite & une dépendance nécessaire, & sans quoi il ne sçauroit l'exercer convenablement, mais il n'est pas censé accorder rien davantage.

3°. Si celui à qui on a donné charge de traiter n'a rien fait que dans l'étendue de son pouvoir, s'il n'a point passé les bornes du pouvoir attaché à son emploi, quoiqu'il ait excédé ses ordres secrets, on ne laisse pas d'être tenu de ce qu'il a fait, autrement l'on ne sçauroit jamais compter sur les engagemens contractés par Procureur.

4°. Le Souverain est encore obligé par le fait de ses Ministres & de ses Officiers, quoique destitués de pouvoir & d'ordre, s'il a ratifié les engagemens qu'ils ont pris, ou d'une manière formelle & précise, & alors il n'y a aucune difficulté, ou d'une manière tacite, c'est-à-dire, si instruit de ce qui s'est passé, le Souverain laisse faire ou fait lui-même des choses qui ne puissent raisonnablement être rapportées à aucune autre cause qu'à l'intention d'exécuter les engagemens de son Ministre, quoique contractés sans sa participation.

5°. Le Souverain peut encore être obligé à exécuter les engagemens contractés par les Officiers sans son ordre, par un effet de la loi naturelle, qui nous défend de nous enrichir aux dépens d'autrui. L'équité veut que dans ces circonstances l'on observe exactement les conditions du contrat, quoique conclu par des Ministres qui n'étoient point autorisés.

6°. Tels sont les principes généraux de l'équité naturelle, en vertu desquels les Souverains peuvent être plus ou moins engagés par les conventions de leurs Généraux : à quoi néanmoins il faut encore ajouter cette réflexion générale ; à moins que les loix & les coutumes du pays n'y apportent quelque modification particulière, & qu'elles soient connues de ceux avec qui ils ont traité.

7°. Enfin, si un Ministre public passe les bornes de sa commission, qu'il ne puisse point tenir ce qu'il a promis, & que son maître n'y soit point obligé, il est sans contredit obligé à dédommager celui avec lequel il a traité : que s'il y avoit de la mauvaise foi de sa part, il pourroit même être puni de sa fourberie, & l'on seroit en droit de s'en prendre à sa perfonne ou à fes biens, ou même à l'un & à l'autre enfemble.

§. III. Eclaircffons ces principes généraux, en les appliquant à quelques exemples particuliers.

1°. Un Général d'armée ne peut point tranfiger de ce qui regarde le fujet de la guerre & fes fuites ; car le pouvoir de faire la guerre, dans quelque étendue qu'il ait été donné, n'emporte point le pouvoir de la finir.

2°. Les Généraux d'armée ne pourroient pas non plus accorder de leur chef des tréves pour un efpace de temps confidérable ; car 1°. cela n'eft point une dépendance néceffaire de leur commiffion. 2°. La chofe eft de trop grande conféquence pour être entièrement laiffée à leur difcrétion. 3°. Et enfin, les circonftances ne font pas d'ordinaire fi preffantes, que l'on n'ait pas le temps de confulter le Souverain : & en général le devoir & la prudence veulent qu'un Général confulte le Souverain autant qu'il lui eft poffible, même par rapport aux chofes qu'il a pouvoir de ménager de fon chef.

A plus forte raifon, des Généraux ne

peuvent pas conclure ces fortes de tréves qui font difparoître entièrement l'appareil de la guerre, & qui approchent d'une véritable paix.

3°. A l'égard des tréves qui font de courte durée, il eft fans difficulté au pouvoir d'un Général de les faire, par exemple, pour enterrer les morts, &c.

§. IV. Les Lieutenans des Généraux, ou même les Officiers fubalternes, peuvent auffi faire des tréves particulières pendant l'attaque, par exemple, d'un corps d'ennemis retranchés, ou dans le fiége d'une ville : car cela étant fouvent très-néceffaire, on préfume avec raifon que ce droit eft renfermé dans l'étendue de leur commiffion par une conféquence néceffaire.

§. V. Mais ces tréves particulières n'obligent-elles que les Officiers qui les ont conclues & leurs troupes, ou bien font-elles valables par rapport aux autres Commandans & au Chef de l'armée ?

GROTIUS fe détermine pour le premier fentiment ; cependant le fecond nous paroît le mieux fondé : car 1°. comme on fuppofe que c'eft en conféquence d'une approbation tacite du Souverain, qu'une telle tréve a été conclue par un Officier subalterne, aucun autre Officier ou égal ou supérieur ne pourroit agir contre l'accord, sans blesser indirectement l'autorité du Souverain. 2°. D'ailleurs, cela pourroit donner lieu à des supercheries & à des défiances qui rendroient inutile ou impraticable l'usage de ces tréves particulières, si nécessaires en diverses occasions.

§. VI. Il n'appartient pas aux Généraux d'armée de relâcher les personnes acquises par les armes, ni de disposer des Souverainetés & des terres conquises.

§. VII. Mais il est certainement au pouvoir des Généraux, d'accorder ou laisser les choses qui ne sont pas encore acquises. Les villes, par exemple, & souvent les personnes ne se rendent que sous condition d'avoir la vie sauve ou la liberté, ou même leurs biens, & d'ordinaire on n'a pas le temps de consulter là-dessus le Souverain : les chefs même subalternes doivent avoir ce droit aussi loin que s'étend leur commission.

§. VIII. Enfin on peut aisément juger par les principes que nous avons établis, de la conduite que tint le peuple Romain à l'égard de Bituitus, Roi des Auvergnats, & dans l'affaire des Fourches Caudines.

CHAPITRE XIII.

Des conventions faites avec l'Ennemi par de simples particuliers.

§. I. IL arrive quelquefois dans la guerre que des particuliers, foit de fimples foldats, foit autres, font quelques conventions avec l'ennemi. Ciceron remarque judicieufement à ce fujet, que fi des particuliers ont promis quelque chofe à l'ennemi, y étant contraints par la néceffité des circonftances, ils doivent tenir religieufement leur parole (1).

§. II. En effet, tous les principes que nous avons établis ci-devant, prouvent manifeftement la juftice & la néceffité de ce devoir ; fans cela on mettroit fouvent obftacle à la liberté, on donneroit occafion à des carnages, &c.

§. III. Mais quoique ces engagemens foient valides en eux-mêmes, il eft bien clair qu'un particulier ne fçauroit aliéner validement ce qui appartient au public,

____

(1) De Offic. Lib. I. Cap. 13.

cela n'étant pas même permis aux Généraux d'armée.

§. IV. A l'égard des actions & des biens de chaque particulier, quoique les conventions qu'il peut faire avec l'ennemi à ce sujet puissent quelquefois porter quelque préjudice à l'Etat, elles ne laissent pas d'être obligatoires. Tout ce qui tend à éviter un plus grand mal, quoique dommageable en soi-même, doit être considéré comme un bien : comme, par exemple, quand on s'engage à payer quelques contributions pour se racheter du pillage ou des incendies. Les loix de l'Etat ne sçauroient même sans injustice, ôter aux particuliers le droit de pourvoir à leur sureté, en imposant aux sujets une obligation trop onéreuse ; ce qui répugne entièrement à la raison & à la nature.

§. V. C'est en conséquence de ces principes, que l'on tolère, & avec raison, la promesse que fait un prisonnier de guerre de venir se remettre en prison : on ne le laisseroit point aller sans cela, & il vaut mieux sans doute & pour lui & pour l'Etat qu'il ait cette permission pour un temps, que s'il demeuroit toujours en prison. Ce fut donc pour satisfaire à son devoir que

Regulus retourna à Carthage, & se remit entre les mains des ennemis (1).

§. VI. Il faut juger de même de la promesse par laquelle on s'engage *à ne point servir contre celui de qui on est prisonnier.* En vain objecteroit-on qu'un tel engagement est contraire à ce qu'on doit à la patrie : il n'y a rien de contraire au devoir d'un bon citoyen de se procurer la liberté, en promettant de s'abstenir d'une chose dont il est au pouvoir de l'ennemi de nous empêcher ; la patrie ne perd rien par là, elle y gagne même quelque chose, puisqu'un prisonnier, tant qu'il n'est pas relâché, est perdu pour elle.

§. VII. Si l'on a promis de ne point se sauver, il faut incontestablement tenir sa parole, quand même on l'auroit donnée dans les fers ; mais si le prisonnier n'a donné sa parole qu'à condition qu'il ne seroit point resserré de cette manière, il en est quitte s'il est mis dans les fers.

§. VIII. Mais enfin, si les particuliers qui se sont engagés à l'ennemi ne veulent point tenir leur parole, leur Souverain

____

(1) Cicer. *de Offic. Lib. III. Cap. 29.*

doit il les y contraindre ? Sans doute : en vain feroient-ils liés par leur promeſſe, s'il n'y avoit quelqu'un qui pût les contraindre à s'en acquitter.

CHAPITRE XIV.

Des conventions publiques qui mettent fin à la Guerre.

§. I. LEs conventions qui mettent fin à la guerre, ſont ou *principales* ou *acceſſoires*. Les conventions principales ſont celles qui terminent la guerre, ou par elles-mêmes comme un traité de paix, ou par une ſuite de ce dont on eſt convenu, comme quand on a remis la fin de la guerre à la déciſion du ſort, ou au ſuccès d'un combat, ou au jugement d'un arbitre. Les conventions acceſſoires, ſont celles qu'on ajoute quelquefois aux conventions principales, pour les confirmer & en rendre plus ſure l'exécution. Tels ſont les *Otages*, les *Gages*, les *Garanties*.

§. II. Nous avons déja traité ci-devant du ſort des combats arrêtés de part & d'autre, & des arbitres confidérés comme

des moyens d'empêcher une guerre ou de
la terminer ; il ne nous reste plus qu'à
parler des traités de paix.

§. III. La première question qui se
présente ici, c'est, si les conventions qui
terminent la guerre peuvent être annullées
par l'exception d'une crainte injuste qui les
a attachées.

Après les principes que nous avons établis ci-devant pour faire voir que l'on doit
garder la foi donnée à un ennemi, il n'est
pas nécessaire de nous arrêter ici à l'établir
de nouveau. De toutes les conventions publiques, les traités de paix font celles que
les peuples doivent regarder comme les
plus sacrés & les plus inviolables ; rien
n'est plus important au repos & à la tranquillité du genre humain : les Princes &
les Nations n'ayant point de Juge commun qui puisse connoître & décider de
la justice de la guerre, on ne pourroit jamais compter sur un traité de paix, si l'exception d'une crainte injuste avoit ici lieu
ordinairement. Je dis *ordinairement ;* car
dans les cas où l'injustice des conditions
d'un traité de paix est de la dernière évi-
dence, & que le vainqueur injuste abuse
de sa victoire, au point d'imposer au vaincu

les conditions les plus dures, les plus cruel-
les & les plus infupportables ; le droit des
nations ne fçauroit autorifer de femblables
traités, ni impofer aux vaincus l'obligation
de s'y foumettre foigneufement. Ajoutons
encore, que bien que le droit ordonne qu'à
l'exception du cas dont nous venons de
parler, les traités de paix foient obfervés
fidélement, & ne puiffent pas être annul-
lés fous le prétexte d'uhe contrainte injufte,
il eft néanmoins inconteftable que le vainqueur ne peut pas profiter en confcience
des avantages d'un tel traité, & qu'il eft
obligé par la juftice intérieure de reftituer
tout ce qu'il peut avoir acquis dans une
guerre injufte.

§. I V. Une autre queftion, c'eft de fçavoir fi un Souverain ou un Etat doit tenir
les traités de paix & d'accommodement
qu'il a faits avec des fujets rebelles ; Je réponds ; 1°. que lorfqu'un Souverain a
réduit par les armes les fujets rebelles,
c'eft à lui à voir comment il les traitera;
2°. Mais s'il eft entré avec eux dans quelque accommodement, il eft cenfé par cela
feul leur avoir pardonné tout le paffé, de
forte qu'il ne fçauroit légitimement fe difpenfer de tenir fa parole, fous-prétexte

qu'il l'ayoit donnée à des sujets rebelles.
Cette obligation est d'autant plus inviolable, que les Souverains sont sujets à traiter
de rébellion une désobéïssance ou une résistance, par laquelle on ne fait que maintenir ses justes droits, & s'opposer à la
violation des engagemens les plus essentiels
des Souverains; l'histoire n'en fournit que
trop d'exemples.

§. V. Il n'y a que celui qui a droit
de faire la guerre, qui ait le droit de la
terminer par un traité de paix : en un mot,
c'est ici une partie essentielle de la Souveraineté. Mais un Roi prisonnier pourroit-il
conclurre un traité de paix valable & obligatoire pour la nation ? Je ne le pense
pas, car il n'y a nulle apparence, & l'on
ne sçauroit présumer raisonnablement que
le peuple ait voulu conférer la Souveraineté à quelqu'un, avec pouvoir de l'exercer sur les choses les plus importantes,
même dans le temps qu'il ne seroit pas
maître de sa propre personne : mais à l'é-
gard des conventions qu'un Roi prisonnier auroit faites, touchant ce qui lui appartient en particulier, elles sont valides
sans contredit, suivant les principes que
nous avons établis dans le chapitre précé-

dent. Que dirons-nous d'un Roi chaffé de ſes Etats? s'il n'eſt dans aucune dépendance de perſonne, il peut ſans doute faire la paix.

§. VI. Pour connoître ſurement de quelles choſes un Roi peut diſpoſer par un traité de paix, il ne faut que faire attention à la nature de la Souveraineté & à la manière dont il la poſſéde.

1°. Dans les Royaumes patrimoniaux, à les conſidérer en eux-mêmes, rien n'empêche que le Roi n'aliéne la Souveraineté, ou une partie.

2°. Mais les Rois qui ne poſſédent la Souveraineté qu'à titre d'uſufruit, ne peuvent par aucun traité aliéner de leur chef, ni la Souveraineté entière, ni aucune de ſes parties; pour valider de telles aliénations, il faut le conſentement de tout le peuple ou des Etats du Royaume.

3°. A l'égard du *Domaine de la Couronne*, il n'eſt pas non plus pour l'ordinaire au pouvoir du Souverain de l'aliéner.

4°. Pour ce qui eſt des biens des particuliers, le Souverain a comme tel, un droit éminent ſur les biens des ſujets, & par conſéquent il peut en diſpoſer & les aliéner par un traité toutes les fois que

l'utilité

l'utilité publique ou la nécessité le demandent, bien entendu que l'Etat doit
dans ces cas-là dédommager les particuliers du dommage qu'ils souffrent au-delà
de leur cotte part.

§. VII. Pour bien interpréter les clauses
d'un traité de paix, & pour en bien déterminer les effets, il ne faut que faire attention aux régles générales de l'interprétation, & à l'intention des parties contractantes.

1°. Dans tout traité de paix, s'il n'y a
point de clauses au contraire, on présume
que l'on se tient réciproquement quittes de
tous les dommages causés par la guerre;
ainsi les clauses d'amnistie générale ne font
que pour une plus grande précaution.

2°. Mais les dettes de particulier à particulier déja contractées avant la guerre,
& dont on n'avoit pas pu pendant la guerre exiger le payement, ne font point cen-
fées éteintes par le traité de paix.

3°. Les choses mêmes que l'on ignore
avoir été commises, soit qu'elles l'ayent
été avant ou pendant la guerre, font cen-
fées comprises dans les termes généraux,
par lesquelles on tient quitte l'ennemi de
tout le mal qu'il nous a fait.

4°. Il faut rendre tout ce qui ne peut avoir été pris depuis la paix conclue, cela n'a point de difficulté,

5°. Si dans un traité de paix on fixe un certain terme pour l'accomplissement des conditions dont on est convenu, ce terme doit s'entendre à la derniere rigueur; enforte que lorsqu'il est expiré, le moindre retardement n'est pas excufable, à moins qu'il ne provînt d'une force majeure, ou qu'il ne paroisse manifestement que ce délai ne vientd'aucune mauvaise intention.

6. Enfin, il faut remarquer que tout traité de paix est par lui-même perpétuel, & pour parler ainsi, éternel de fa nature; c'est-à-dire, que l'on est censé de part & d'autre être convenu de ne prendre jamais plus les armes au sujet des démêlés qui avoient allumé la guerre, & de les tenir deformais pour entièrement terminés.

§. VIII. C'est une autre question importante, de sçavoir quand la paix peut être regardée comme rompue.

1°. Quelques personnes distinguent ici entre *rompre la Paix*, & *fournir un nouveau sujet de Guerre.* Rompre la Paix, c'est contrevenir à quelques articles du traité; fournir un nouveau sujet de guerre,

c'est prendre les armes pour quelque nouvelle raison, dont il n'est point fait mention dans le traité.

2°. Mais lorsqu'on donne ainsi un nouveau sujet de guerre, le traité se rompt
par là indirectement, si l'on refuse de faire
satisfaction à l'offensé ; car alors l'offensé
pouvant prendre les armes & traiter l'of-
fenseur en ennemi, contre qui tout est permis, il faut aussi sans contredit se dispenser de tenir les conditions de la paix, quoique le traité n'ait point été rompu formellement par rapport à sa teneur : d'ailleurs, la distinction dont il s'agit ne peut
guères être d'usage aujourd'hui , parce
que les traités de paix sont conçus de telle
manière, qu'ils emportent un engagement
de vivre desormais en bonne amitié à tous
égards ; il faut donc dire en général, que
tout nouvel acte d'hostilité injuste rompt
la paix.

3°. Pour ceux qui ne font que repousser
la force par la force, ils ne rompent en
aucune manière la paix.

4°. Si la paix est conclue avec plusieurs
alliés de celui avec qui le traité a été
fait ; la paix n'est pas rompue, si quelqu'un de ces alliés vient à reprendre les

armes, à moins qu'elle n'eût été conclue sur ce pied-là ; mais c'est ce qu'on ne présume point, & sans doute le seul infracteur peut être regardé comme ennemi.

5°. Des violences ou des actes d'hostilité que quelques sujets de l'Etat commettent de leur chef, ne peuvent rompre la paix qu'en supposant que le Souverain les approuve ; & c'est ce que l'on présume, s'il a la connoissance du fait, le pouvoir de punir, & qu'il néglige de le faire.

6°. La paix est censée rompue, lorsque sans un sujet légitime on exerce quelque acte d'hostilité, non-seulement contre tout le corps de l'Etat, mais même contre des particuliers ou des sujets de l'Etat ; car le but d'un traité de paix, est que tous les sujets de l'Etat soient desormais en sûreté.

7°. Un traité de paix est rompu sans contredit, si l'on contrevient aux articles clairs & formels qu'il renferme : quelques Docteurs néanmoins distinguent ici entre les articles du traité qui sont *de grande importance*, & ceux qui sont *de peu d'importance* ; mais cette distinction est peu sûre en elle-même, & d'une application difficile & délicate. En général tous les articles d'un traité doivent être regardés comme assez importans, pour qu'ils doivent être ponctuellement observés; il faut pourtant avoir égard ici à ce que demande l'humanité, & pardonner plutôt les fautes légères que d'en pourfuivre la réparation par les armes.

8°. Si l'une des parties est réduite par quelque nécessité invincible, à l'impossibilité d'effectuer ses engagemens, on ne doit pas tenir la paix pour rompue; mais l'autre partie doit ou attendre quelque tems l'effet de ce qu'on lui a promis, s'il y a encore quelque espérance, ou bien elle peut demander un équivalent raisonnable.

9°. Lors même qu'il y a de la perfidie d'un côté, il est libre certainement à la partie innocente de laisser subsister la paix, & il seroit ridicule de prétendre que celui qui le premier enfreint la paix puisse se dégager de l'obligation où il étoit, en agissant contre cette même obligation.

§. IX. L'on joint quelquefois aux traités de paix, pour sureté de leur exécution, des ôtages, des gages ou des garants. Les ôtages font de plusieurs sortes; car ou ils se donnent eux-mêmes volontairement, où c'est par ordre de leur Souverain, ou bien ils font pris de force par l'ennemi : rien n'eft plus commun aujourd'hui, par exemple, que d'enlever des ôtages par force pour la fureté des contributions.

§. V. Le Souverain peut, en vertu de fon autorité, contraindre quelques-uns de fes fujets à fe mettre entre les mains de l'ennemi pour ôtage ; car s'il eft en droit quand la néceſſité le requiert, de les expofer à un péril de mort, à plus forte raifon peut-il engager leur liberté corporelle ; mais d'un autre côté, l'Etat doit aſſurément indemnifer les ôtages de tout ce qu'ils peuvent fouffrir pour le bien de la Société.

§. XI. L'on demande, & l'on donne des ôtages pour la fureté de l'exécution de quelque engagement ; il faut donc pour cela que l'on puiſſe garder les ôtages comme on le juge à propos, juſqu'à l'accompliſſement de ce dont on eft convenu : il fuit de là qu'un ôtage qui s'eft conftitué tel volontairement, ou celui qui a été donné par le Souverain ne peut pas fe fauver ; cependant Grotius accorde cette liberté aux derniers : mais il faudroit pour cela, ou que l'intention de l'Etat fût que l'ôtage ne demeurât point entre les mains de l'ennemi, ou qu'il n'eût pas

le pouvoir d'obliger l'ôtage à y demeurer.
Le premier eſt manifeſtement faux ; car
autrement l'ôtage ne ſerviroit point de
ſureté, & la convention ſeroit illuſoire :
l'autre n'eſt pas plus vrai ; car ſi l'Etat en
vertu de ſon *Domaine éminent*, peut expoſer la vie même des citoyens, pourquoi
ne pourroit-il pas engager leur liberté ?
auſſi GROTIUS convient-il lui-même que
les Romains étoient obligés de rendre
Clelie à Porſenna : mais il n'en eſt pas
tout-à-fait de même à l'égard des ôtages
qui ont été pris par force ; car ils ſont
toujours en droit de ſe ſauver tant qu'ils
n'ont pas donné leur parole qu'ils ne le
feroient pas.

§. XII. On demande ſi celui à qui
l'on a donné des ôtages peut les faire
mourir, au cas que l'on n'exécute pas
ſes engagemens ? Je réponds que les ôtages eux-mêmes n'ont pu donner à l'ennemi aucun pouvoir ſur leur propre vie,
dont ils ne ſont pas les maîtres. Pour ce
qui eſt de l'Etat, il a bien le pouvoir
d'expoſer au péril de la mort la vie de
ſes ſujets, lorſque le bien public le demande, mais ici tout ce que le bien public
exige, c'eſt qu'il engage la liberté corpô-

relle de ceux qu'il donne en ôtage , & il
ne peut pas plus les rendre responsables
de son infidélité au péril de leur vie , qu'il
ne peut faire que l'innocent soit criminel ;
ainsi l'Etat n'engage nullement la vie des
ôtages : celui à qui on les donne est censé
les recevoir à ces conditions , & quoique
par l'infraction du traité ils se trouvent
à sa merci , il ne s'ensuit pas qu'il ait
droit, en conscience de les faire mourir
pour ce sujet seul , il peut seulement
les retenir desormais comme prisonniers
de guerre.

§. XIII. Les ôtages donnés pour un
certain sujet sont libres dès qu'on y a
satisfait , & par conséquent ne peuvent
pas être retenus pour une autre cause ,
pour laquelle on n'avoit point promis
d'ôtages. Que si l'on a manqué de parole en quelqu'autre chose , ou contracté
quelque nouvelle dette , les ôtages donnés peuvent alors être retenus , non comme ôtages , mais en conséquence de cette
régle du droit des gens , qui autorise à
arrêter la personne des Sujets , pour le fait
de leur Souverain.

§. XIV. Un ôtage est-il libéré par la
mort du Prince qui l'avoit donné ? Cela dé-

pend de la nature du traité, pour la sûreté duquel on avoit livré l'ôtage ; c'eft-à-dire, qu'il faut examiner s'il eft *perfonnel* ou *réel.*

Que fi l'ôtage devient l'héritier & fucceffeur du Prince qui l'avoit donné, il n'eft plus tenu alors de demeurer en ôtage, quoique le traité foit réel ; il doit feulement mettre quelqu'un à fa place, fi l'autre partie le demande. Le cas dont il s'agit étoit tacitement excepté ; car on ne fçauroit préfumer qu'un Prince, par exemple, qui auroit donné pour ôtage, fon propre fils, fon héritier préfomptif, ait prétendu qu'au cas qu'il vînt à mourir lui-même, l'Etat fût privé de fon Chef.

§. XV. On donne auffi quelquefois des gages pour la fûreté d'un traité de paix, & comme nous avons dit qu'on peut retenir les ôtages pour quelqu'autre dette, cela s'applique également aux gages donnés.

§. XVI. Enfin, il arrive auffi que des Princes ou des Etats, fur-tout ceux qui ont été médiateurs de la paix, fe rendent garants des obfervations de part & d'autre par une efpéce de *Cautionnement* qui emporte l'obligation d'interpofer leurs bons offices, pour faire obtenir une fatisfaction raifonnable à celui au préjudice duquel l'autre auroit violé quelque article du traité, & même de donner fecours au premier qui fera infulté par l'autre, contre les articles & les conditions de la paix.

CHAPITRE XV.

Des Droits des Ambaffadeurs.

§. I. IL ne nous refte plus qu'à dire quelque chofe des Ambaffadeurs & des priviléges que le droit des gens leur accorde. Il eft naturel de traiter ici cette matière, puifque c'eft par le moyen de ces Miniftres que fe négocient & fe concluent ordinairement les traités.

§. II. Rien n'eft plus ordinaire que la maxime qui établit que les Ambaffadeurs font des perfonnes facrées & inviolables, & qu'ils font fous la protection du droit des gens; & en effet, on ne fçauroit douter qu'il n'importe extrêmement à tous les hommes & à tous les

peuples, non-feulement de mettre fin aux
querelles & aux guerres , mais encore
d'établir & d'entretenir entr'eux le commerce & l'amitié : Or les Ambaſſadeurs
font néceſſaires pour procurer ces avanta-
tages ; d'où il fuit que Dieu qui veut
fans contredit tout ce qui contribue à la
conſervation & au bonheur de la Société
humaine , ne peut que défendre par la
loi naturelle de faire aucun mal à ces
fortes de perſonnes , & qu'il ordonne au
contraire qu'on leur accorde toutes les
fûretés , tous les priviléges que demande le but de leur emploi & de leurs
fonctions.

§. III. Avant que d'entrer dans l'application des priviléges que le droit des
gens accorde aux Ambaſſadeurs, il faut
d'abord remarquer avec GROTIUS, qu'ils
appartiennent uniquement aux Ambaſſadeurs envoyés de Souverain à Souverain ;
car pour ce qui eſt des Députés des
Villes ou des Provinces auprès de leur
propre Souverain , ce n'eſt pas par le
droit des gens commun aux Nations qu'il
faut juger de leurs priviléges , mais par
le droit civil du pays : en un mot , les
priviléges des Ambaſſadeurs ne regardent

que les étrangers, c'est-à-dire ceux qui ne
font pas de notre dépendance.

Rien n'empêche donc qu'un allié inférieur n'ait droit d'envoyer des Ambaſſadeurs à l'allié ſupérieur ; car dans une
alliance inégale, l'allié inférieur ne ceſſe
pas pour cela d'être indépendant.

Mais un Roi vaincu dans une guerre &
dépouillé de ſon Royaume, peut-il envoyer des Ambaſſadeurs ? La queſtion eſt
inutile par rapport au vainqueur, qui
n'aura garde de penſer ſeulement s'il doit
recevoir des Ambaſſadeurs de la part de
celui qu'il a dépouillé de ſes Etats. A
l'égard des autres Puiſſances, ſi le conquérant fait une guerre manifeſtement
injuſte, elles n'en doivent pas moins,
tant qu'elles le peuvent ſans s'expoſer à
quelque grand inconvénient, reconnoître
pour véritable Roi celui qui l'eſt effectivement, & par conſéquent recevoir ſes
Ambaſſadeurs.

Le cas d'une guerre civile eſt un cas
extraordinaire, dans lequel la néceſſité
oblige quelquefois à recevoir des Ambaſſadeurs de part & d'autre : alors une
ſeule & même Nation eſt regardée pour
un tems, comme faiſant deux corps de

peuples ; mais les pirates & les brigands ne
formant point de corps d'Etat, ne peuvent
point jouir à l'égard des Ambaſſadeurs
des priviléges du droit des gens, à moins
qu'ils ne l'obtiennent par un traité, comme
cela eſt arrivé quelquefois.

§. IV. Les Anciens ne diſtinguoient pas
différentes ſortes de perſonnes envoyées
par une Puiſſance auprès d'une autre,
ils étoient tous appellés chez les Latins,
Legati ou *Oratores* : aujourd'hui on donne
divers titres à ces Miniſtres publics, mais
l'emploi eſt au fond le même, & toutes
les diſtinctions que l'on fait ſont plûtôt
fondées ſur le plus ou le moins d'éclat
avec lequel ils ſoutiennent leur dignité,
& ſur la penſion plus ou moins groſſe
qui leur eſt aſſignée, que ſur quelque
autre raiſon qui ait du rapport à leur
caractère.

§. V. La diſtinction des Ambaſſadeurs
la plus commune & la plus en uſage
aujourd'hui, eſt celle des *Ambaſſadeurs
extraordinaires* & des *Ambaſſadeurs ordinaires*. Cette différence étoit tout à fait
inconnue aux anciens. Tous les Ambaſſadeurs qu'ils envoyoient étoient extraordinaires, c'eſt-à-dire, chargés ſeulement

d'une certaine négociation particulière,
au lieu que les Ambassadeurs ordinaires
sont ceux que l'on tient dans les Cours
des Etats dont on est ami, pour y ménager toutes sortes d'affaires, & même pour
y épier ce qui s'y passe.

Le changement de la situation des choses dans notre Europe depuis la destruction de l'Empire Romain, les divers Princes souverains, les différentes Républiques
qui se sont élevées, & l'accroissement du
commerce, ont rendu commodes & même
nécessaires ces Ambassadeurs ordinaires,
& en ont fait introduire l'usage ; aussi
plusieurs Historiens remarquent avec raison que les Turcs qui n'entretiennent point
de Ministres dans les pays étrangers,
usent en cela d'une mauvaise politique ;
car comme ils ne reçoivent leurs nouvelles que par des marchands Juifs ou
Arméniens, ils n'apprennent le plus souvent les choses que fort tard, ou bien
ils sont mal informés, ce qui fait qu'ils
prennent souvent de fausses mesures, parce
qu'ils ont eu de faux avis.

§. VI. GROTIUS remarque qu'il y a
deux maximes principales du droit des
gens touchant les Ambassadeurs : la pre-

mière , *qu'il faut recevoir les Ambassa-*
deurs ; la seconde , *qu'on ne leur doit faire*
aucun mal , & *que leur personne est sacrée*
& *inviolable.*

§. VII. Sur la première de ces maximes , il faut remarquer que l'obligation
où sont les Princes & les Etats de recevoir les Ambassadeurs, est fondée en général sur la société & l'humanité ; car
comme toutes les Nations forment entre
elles une espéce de société, & qu'en conséquence elles doivent s'entr'aider les unes
les autres par un commerce mutuel d'offices & de services , l'usage des Ambassadeurs devient nécessaire entr'elles par cela
même. C'est donc une régle du droit des
gens que l'on doit recevoir un Ambassadeur, & ne le pas refuser sans une juste
cause.

§. VIII. Mais lors même qu'on est
tenu de recevoir les Ambassadeurs , ce
n'est qu'en vertu d'un devoir d'humanité , qui ne produit qu'une obligation imparfaite & non rigoureuse ; de
sorte qu'un simple refus ne peut pas être
regardé comme une injustice proprement
dite, qui donnera un juste sujet de guerre.
D'ailleurs , l'obligation de recevoir les

Ambaſſadeurs regarde auſſi bien ceux qui nous ſont envoyez par l'ennemi, que ceux qui nous viennent d'une Puiſſance amie : il eſt du devoir des Princes mêmes qui ſont en guerre, de chercher les moyens de rétablir entr'eux une paix juſte & raiſonnable, & ils ne ſçauroient en venir à bout, à moins qu'ils ne ſoient diſpoſés à écouter les propoſitions qu'ils peuvent ſe faire réciproquement, & la manière la plus convenable pour cela, eſt de ſe ſervir d'Ambaſſadeurs ou de Miniſtres. Le même devoir d'humanité impoſe auſſi aux Princes neutres ou à des tiers, l'obligation de laiſſer paſſer ſur leurs terres les Ambaſſadeurs que d'autres Puiſſances s'envoient.

§. IX. J'ai dit que l'on ne doit pas refuſer ſans un juſte ſujet de recevoir un Ambaſſadeur, car il peut ſe faire que l'on ait de très-bonnes raiſons pour ne pas le recevoir. Par exemple, ſi ſon Maître nous a déjà dupé, ſous prétexte d'ambaſſade, & que l'on ait lieu de ſoupçonner une pareille tromperie ; ſi celui qui nous envoie des Ambaſſadeurs nous a trahi, ou s'il s'eſt rendu coupable envers nous de quelque crime atroce ; ſi l'on

ſçait

fçait avec certitude que, fous prétexte de quelques négociations, l'Ambaffadeur ne vient que pour caufer quelque fédition, ou pour efpionner.

Ainfi dans la retraite des dix mille dont XENOPHON nous a laiffé l'hiftoire, les Généraux réfolurent que tant qu'ils feroient en pays ennemi, ils ne recevroient point de Hérauts; & ce qui les obligea à prendre une telle réfolution, ce fut qu'ils avoient éprouvé que fous prétexte d'Ambaffadeurs, ils venoient efpionner & débaucher les Soldats.

Il peut auffi arriver que l'on ait de juftes raifons de refufer un Ambaffadeur ou un Envoyé d'une Puiffance amie, parce qu'en le recevant on donneroit quelque fujet de défiance à quelqu'autre Puiffance qu'il nous convient de ménager. Enfin, la perfonne même ou le caractère de celui qu'on veut nous envoyer, peut fournir de juftes raifons pour ne pas le recevoir. Voilà qui peut fuffire fur la maxime, qu'il faut recevoir les Ambaffadeurs.

§. X. Pour l'autre régle du droit des gens, qui établit que l'on ne doit faire aucun mal aux Ambaffadeurs, & que leur personne doit être regardée comme sacrée & inviolable, il est un peu plus difficile de décider les questions qui s'y rapportent.

1°. Quand on dit que le droit des gens défend de faire aucun mal aux Ambassadeurs, ou en paroles ou en actions, on ne donne en cela aucun privilége particulier aux Ambassadeurs, car les loix de la nature assurent à tous particuliers la jouissance de leur vie, de leur honneur & de leurs biens.

2°. Mais quand on ajoûte que la personne des Ambassadeurs est sacrée & inviolable par le droit des gens, on prétend attribuer par là aux Ambassadeurs des prérogatives, des priviléges qui ne sont pas dûs aux simples particuliers, &c.

3°. Quand on dit que la personne d'un Ambassadeur est sacrée, cela veut dire, selon la signification de ce terme, que l'on punit plus rigoureusement ceux qui ont maltraité un Ambassadeur, que ceux qui ont fait quelque injure ou quelque insulte à quelque particulier, & que c'est à cause du caractère qui rend les Ambassadeurs sacrés, que l'on décerne une peine si différente pour un même genre d'offense.

4°. Enfuite, ce qui fait que l'on appelle facrée & inviolable la perfonne des Ambaffadeurs, c'eft qu'ils ne font point foumis à la Jurifdiction civile ou criminelle du Souverain auprès duquel ils font envoyés, ni à l'égard de leurs perfonnes, ni à l'égard des gens de leur fuite, ni à l'égard de leurs biens, & par conféquent on ne peut pas agir contr'eux par les voies ordinaires de la Juftice, & c'eft en cela que confiftent principalement leurs priviléges.

§. XI. Le fondement de ces priviléges que le droit des gens accorde aux Ambaffadeurs, c'eft que comme un Ambaffadeur repréfente la perfonne même de fon Maître, il doit par conféquent jouir de tous les priviléges, de tous les droits qu'auroit pour lui-même un Prince fouverain, qui viendroit en perfonne dans les Etats d'un autre Prince pour travailler à fes propres affaires, pour négocier, par exemple, ou conclure un traité, une alliance, pour établir fon commerce & autres chofes femblables, &c. Or certainement, pour quelque raifon qu'un Prince fouverain paffe de fon pays dans un pays étranger, on ne fçauroit penfer qu'il perde fon caractère & son indépendance, & qu'il devienne sujet du Prince dans les terres duquel il se trouve : au contraire il doit être censé vouloir demeurer comme il étoit auparavant, égal & indépendant de toute Jurisdiction civile ou criminelle de celui chez qui il va, & celui-ci le reçoit sur ce pied-là, comme il voudroit être reçu lui-même s'il alloit à son tour dans les Etats de l'autre. Il faut accorder à l'Ambassadeur, en vertu de son caractère représentatif, les mêmes immunités, les mêmes prérogatives.

Le but même & la fin des ambassades, rend nécessaires ces priviléges des Ambassadeurs ; car il est incontestable que si l'Ambassadeur peut traiter avec le Prince à qui il est envoyé, avec une pleine indépendance, il se trouvera bien plus en état de s'acquitter de ses fonctions & de servir son Maître utilement, que s'il étoit assujetti à la Jurisdiction du Prince avec qui il a à négocier, qu'il pût être assigné en Justice lui ou ses gens, & que l'on pût saisir ou arrêter ses effets, &c. C'est donc avec raison que tous les peuples font en la personne des Ambassadeurs une exception à la coûtume reçue par-tout, de regarder comme soumis aux loix du pays, tous les étrangers qui se trouvent dans les terres de la dépendance de l'Etat.

§. XII. Ces principes supposés, je dis : 1°. Qu'il n'y a point de difficulté à l'égard des Ambassadeurs qui viennent auprès d'une Puissance avec laquelle leur Maître est en paix, & qui n'ont fait euxmêmes aucun mal à personne : les maximes les plus communes & les plus évidentes du droit naturel, demandent en leur faveur une entière sureté ; de sorte que si on insulte ou qu'on outrage en quelque manière que ce soit un tel Ambassadeur, on donne à son Maître un juste sujet de guerre : le Roi DAVID nous en fournit un exemple. *

2°. Pour ce qui est des Ambassadeurs qui viennent de la part d'un ennemi, & qui n'ont fait eux-mêmes aucun mal avant qu'on les ait reçus, leur sureté dépend uniquement des loix de l'humanité ; car un ennemi comme tel est en droit de faire du mal à son ennemi : ainsi tant qu'il n'y a point de convention à ce sujet, on n'est obligé d'épargner l'Ambassadeur d'un en-

____

* II. Sam. Cap. X.

nemi, qu'en vertu des sentimens d'humanité que l'on ne doit jamais dépouiller, &
qui nous engagent à respecter tout ce qui
tend au bien de la paix.

3°. Mais lorsqu'on a promis de recevoir
ou reçu effectivement l'Ambassadeur d'un
ennemi, on s'est engagé par-là manifestement à lui procurer une entière sureté,
tant qu'il ne fera lui-même aucun mal,
il ne faut pas même excepter ici les Hérauts qui sont envoyés pour déclarer la
guerre, pourvu qu'ils le fassent d'une manière qui n'ait rien d'offensant. Voilà pour
les Ambassadeurs innocens.

4°. A l'égard des Ambassadeurs qui
se sont rendus coupables, ils ont fait du
mal ou *d'eux-mêmes*, ou *par ordre de leur
Maître*.

Si c'est d'eux-mêmes, ils perdent le
droit d'être en sureté, & de jouir de leurs
priviléges lorsque leur crime est *manifeste
& atroce*; car un Ambassadeur, quel qu'il
soit, ne peut jamais avoir plus de privilége que n'en auroit son Maître : or
on ne pardonneroit pas au Maître un tel
crime.

Par *crime atroce*, il faut entendre ici
ceux qui tendent ou à troubler l'Etat, ou

à priver de la vie les sujets du Prince auprès duquel l'Ambassadeur est envoyé, ou à leur causer quelque préjudice considérable en leur honneur ou en leurs biens.

Lorsque le crime offense directement l'Etat ou celui qui en est le Chef, soit que l'Ambassadeur ait actuellement usé de violence ou non, c'est-à-dire, soit qu'il ait poussé les sujets à quelque sédition, ou qu'il ait conspiré lui-même contre l'Etat ou qu'il ait favorisé le complot, soit qu'il ait pris les armes avec les rebelles ou avec l'enemi, ou qu'il les ait fait prendre à ses gens, &c. on peut s'en venger même en le tuant, non comme sujet, mais comme ennemi ; car son Maître même n'auroit pas lieu de s'attendre à un meilleur traitement, & le but des ambassades établies pour le bien commun des Nations n'éxigent point qu'on accorde à un Ambassadeur qui le premier viole ouvertement les loix les plus sacrées du droit des gens, les privilèges que ce droit accorde aux Ambassadeurs : que si un tel Ambassadeur s'est sauvé, son Maître est tenu de le livrer lorsqu'on le lui demande.

Mais si le crime, tout atroce & tout

manifeſte qu'il eſt, n'offenſe qu'un particulier, l'Ambaſſadeur ne doit pas être pour
cela réputé ennemi de l'Etat ou du Prince ;
mais comme ſi ſon Maître avoit commis
quelque crime de cette nature, on devroit
lui en demander ſatisfaction, & ne prendre les armes contre lui que quand il l'auroit refuſée, la même raiſon d'équité veut
que celui chez lequel l'Ambaſſadeur a
commis un tel crime, le renvoie à ſon
Maître en le priant de le livrer ou de le
punir : car de le retenir en priſon juſqu'à
ce que ſe Maître ou le rappellât pour le punir, ou déclarât qu'il l'abandonne, ce ſeroit témoigner quelque défiance de la juſtice du Maître, & par-là l'outrager lui-
même en quelque façon, puiſque l'Ambaſſadeur le repréſente encore.

5°. Mais ſi le crime a été commis par
ordre du Maître, il y auroit ſans doute de
l'imprudence à lui renvoyer l'Ambaſſadeur, puiſqu'on a tout lieu de croire que
celui qui a ordonné le crime, n'aura garde
ni de livrer le coupable ni de le punir ; on
peut donc en ce cas-là s'aſſurer de la perſonne de l'Ambaſſadeur juſqu'à ce que le
Maître ait réparé l'injuſtice commiſe, &
par ſon Ambaſſadeur & par lui-même.

Pour ceux qui ne repréfentent pas la perfonne du Prince, comme de fimples Mef-
fagers, les trompettes, &c. on peut les
tuer fur le champ, s'ils viennent, par
exemple, dire des injures à un autre Prince
par ordre de leur Maître.

Mais rien n'eft plus abfurde que ce
que quelques-uns prétendent, que tout le
mal que les Ambaffadeurs font par ordre
de leur Maître doit être uniquement im-
puté au Maître; fi cela étoit, les Ambaffadeurs auroient plus de priviléges fur les
terres d'autrui, que n'en auroit leur Maître
même s'il y venoit, & le Souverain du
pays au contraire auroit moins de pouvoir
chez lui que n'en a un pere de famille dans
fa maifon.

En un mot, la fureté des Ambaffadeurs
doit être entendue de manière qu'elle
n'emporte rien de contraire à la fureté des
Puiffances auprès defquelles ils font envoyés, & qui autrement ne voudroient ni
ne pourroient les recevoir. Or il eft certain
que les Ambaffadeurs feront moins hardis
à entreprendre quelque chofe contre le
Souverain ou les membres d'un Etat étranger, s'ils craignent qu'en cas de trahifon
ou de quelqu'autre malverfation confidé-

rable, le Souverain du pays pourra lui-même en tirer raison, que s'ils n'ont à appréhender que le châtiment de leur Maître.

6°. Lorsque l'Ambassadeur lui-même n'a commis aucun crime, il n'est pas permis de le maltraiter, ou de le tuer par droit de *Talion* ou de *Repréfailles* : car dès qu'on l'a reçu sous ce caractère, on a renoncé par cela même au droit qu'on pouvoit avoir à cet égard.

Inutilement objecteroit-on un affez grand nombre d'exemples de vengeance de cette efpéce rapportés par l'hiftoire ; car les Hiftoriens ne racontent pas feulement des actions juftes & innocentes ; mais on y trouve auffi bien des chofes faites contre la juftice dans le feu de la colère, ou par quelqu'autre mouvement de paffion déréglée.

7°. Ce que l'on a dit jufqu'ici des droits des Ambaffadeurs, doit être appliqué à leurs domeftiques & à toute leur fuite. Si quelqu'un de fes domeftiques a fait du mal, on peut demander à fon Maître qu'il nous le livre ; s'il ne le fait pas, il fe rend coupable de fon crime, & en ce cas-là il donne droit d'agir contre lui, de la même manière que s'il avoit commis un crime qui lui fût propre & personnel

Un Ambassadeur ne peut pourtant pas punir lui-même ses domestiques ; car ce droit n'étant pas nécessaire au but de son emploi, il n'y a pas lieu de présumer que son Maître le lui ait donné.

8°. A l'égard des biens d'un Ambassadeur, on ne peut pas les faire saisir ni pour payement ni pour sureté par voie de Justice ; car cela supposeroit qu'il relève de la Jurisdiction du Souverain auprès duquel il réside : mais s'il ne veut pas payer ses dettes, on doit, après l'avoir averti, s'adresser à son Maître, après quoi si le Maître lui-même refuse de nous rendre justice, alors on peut saisir les biens de l'Ambassadeur.

9°. Enfin pour ce qui est du droit d'asyle & des franchises, il n'est nullement une suite de la nature & du but des ambassades ; cependant si on l'a une fois acccordé aux Ambassadeurs d'une Puissance, rien ne nous autorise à le révoquer tant que le bien de l'Etat ne le demande pas.

On ne doit pas non plus, sans de fortes

raiſons, refuſer aux Ambaſſadeurs les autres ſortes de droits, & les honneurs qui
ſont établis par un commun conſentement
des Souverains ; car alors ce ſeroit une eſ-
péce d'outrage.

*Fin de la quatrième & dernière Partie,
& du Tome ſecond.*

TABLE

DES CHAPITRES

Contenus dans le second Volume.

QUATRIEME PARTIE.

Dans laquelle on traite des différens Droits de la Souveraineté à l'égard des Etats étrangers ; du droit de la Guerre & de tout ce qui y a rapport, des Traités publics & du droit des Ambaſſadeurs.

DES CHAPITRES.

Fin de la Table du Tome second.

9 782019 676698